经典传家

经典回到生活　阅读从心开始

经典传家

『经典传家』丛书遴选了清代《四库全书》的精华，而且每一种书在注释、译文、解读等方面做了大量的、扎实的工作。

——傅璇琮

国学就是中国人的学问。『经典传家』是一套非常适合大众阅读的国学经典丛书。国学的传承和发展迫切需要好的大众读本。

——毛佩琦

《四库全书》浩如烟海，真正的必读经典就这百余部。

——任德山

国学是相互通融的，切忌断章或是割裂。今人只有从《周易》等原始经典入手，才能真正找到进入国学的门径。

——刘君祖

经典传家

经典传家系列丛书

图解

六韬·三略

太公望 等 著

崇贤书院 释译

黄山书社

《六韬·三略》阅读指南

经典古籍

本书集古代兵书精华，讲古代政谋奥义，帮助读者理解古人的文韬武略，吸收古代智慧的精髓。

图文并茂

文中插入大量精美的古人原创版画，并配有精到图说，力求生动形象地展示书中的政谋战略。

六韬·三略

六韬

文韬

文师

题解

“文师”意为文王之师，即太公望。本篇借周文王在渭水之滨偶遇太公望之事，阐述了“天下非一人之天下，乃天下人之天下也；同天下之利者则得天下，擅天下之利者则失天下”这一观点。本篇写文王见到太公之后，与之商讨得天下的谋略。太公以钓鱼的道理入手，对天下大事展开分析，指出殷商虽然看似强大，却已是日薄西山，周国可以乘机夺取天下，并提出得人心者得天下的观点，从仁、德、义、道等几个方面进行论述。本篇观点继承了周人敬天保民的思想，是“文韬”的核心所在。

[原文]

文王将田[①]，史编布卜[②]，曰:“田于渭阳[③]，将大得焉。非龙非彨(chī)[④]，非虎非罴[⑤]；兆得公侯[⑥]，天遗汝师；以之佐昌，施及三王。”文王曰:“兆致是乎？”史编曰:“编之太祖史畴为禹占[⑦]，得皋陶[⑧]，兆比于此。”文王乃斋三日，乘田车，驾田马，田于渭阳，卒

〇〇二

选字注音

- 对生僻字、多音字、古今异音字注音。
- 解除读者阅读障碍。
- 提高阅读速度，增加阅读乐趣。

《六韬·三略》阅读指南

注音助读

对生僻字、多音字、古今异音字都进行注音，使读者在流利的阅读中，理解书中的策略技巧。

注释解读

设有题解、注释、译文等栏目，详细准确地解说原文，帮助读者更加深刻地理解书中深意。

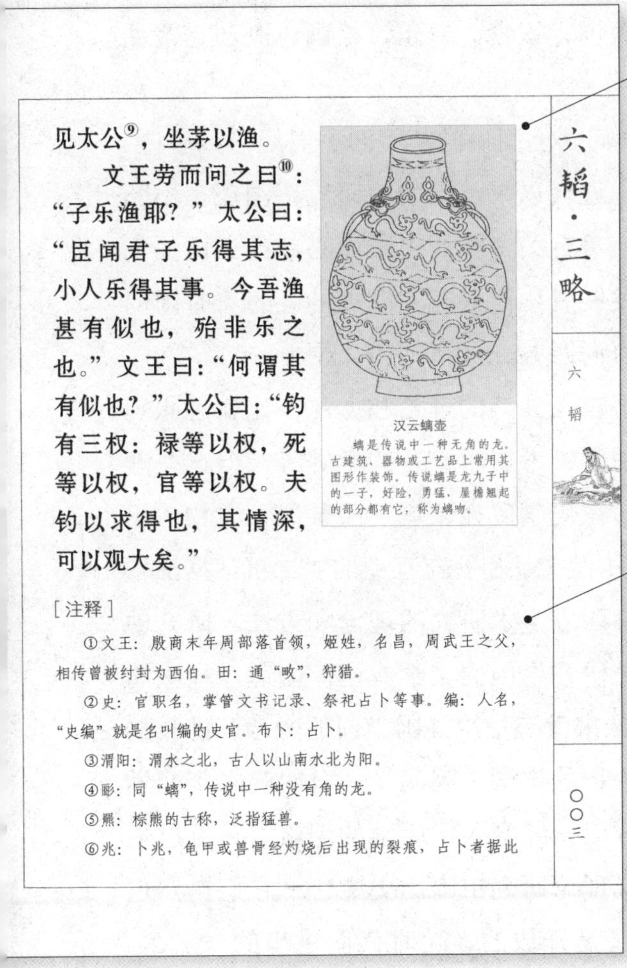

见太公[9]，坐茅以渔。

文王劳而问之曰[10]：“子乐渔耶？”太公曰：“臣闻君子乐得其志，小人乐得其事。今吾渔甚有似也，殆非乐之也。”文王曰：“何谓其有似也？”太公曰：“钓有三权：禄等以权，死等以权，官等以权。夫钓以求得也，其情深，可以观大矣。”

汉云螭壶

螭是传说中一种无角的龙。古建筑、器物或工艺品上常用其图形作装饰。传说螭是龙九子中的一子，好险，勇猛，屋檐翘起的部分都有它，称为螭吻。

[注释]

①文王：殷商末年周部落首领，姬姓，名昌，周武王之父，相传曾被纣封为西伯。田：通“畋”，狩猎。

②史：官职名，掌管文书记录、祭祀占卜等事。编：人名，“史编”就是名叫编的史官。布卜：占卜。

③渭阳：渭水之北，古人以山南水北为阳。

④彨：同“螭”，传说中一种没有角的龙。

⑤羆：棕熊的古称，泛指猛兽。

⑥兆：卜兆，龟甲或兽骨经灼烧后出现的裂痕，占卜者据此

六韬·三略

六韬

〇〇三

精美古版画

- 大量珍贵古代精美版画。
- 古朴雅致，古风扑面。
- 生动形象地展现战略权谋。

选字注释

- 解释文中的生僻字词。
- 详细讲解，打开读者思路。
- 帮助理解原文。

总 序

国学是什么？简单说，就是中国人之所以成为中国人的学问。因此，国学不仅包括数千年积累流传下来的经典，比如“四书五经”、《老子》《庄子》《孙子》《史记》《汉书》、唐诗、宋词，也包含研究中国人思维方式、生活方式、行为方式乃至娱乐方式的各种学问。广言之，国学研究的对象不仅包括文献，也包括实物；不仅包括物质文化遗产，也包括非物质文化遗产，如我国各民族的建筑、服饰、饮食、音乐、绘画、医药、戏曲等等。

国学是不断丰富、不断发展的学问。上面说的从“四书五经”到唐诗、宋词就是一个不断丰富发展的过程。近代以来，国学的研究范围还在不断地扩大，比如敦煌学、甲骨学，是随着有关文物的出土而兴起的；比如红学，是随着文学理论和学术风气的发展变化而兴起和发展的。随着时间的推移和学术的进步，必将有更多的学问被纳入国学研究的范围。

数千年来，中国人做学问形成了自己独特的理论和方法，比如思想理论、史学理论、文学理论，以及训诂学、考据学、音韵学等等。但这些理论和方法并不是一成不变的。比如，在史学研究领域，由于地下文物的出土，王国维等人提出了以地下文物与传世文献相补充互证的“二重证据法”。近代以来，西风劲吹。国人主动借鉴西方学术研究的理论和方法，研究中国学问。王国维借鉴尼采的哲学理论研究中国的文学戏剧，胡适以杜威的实验主义研究中国的“国故”。国学从来没有拒绝外国学问的融合，佛教传入中国后，经过改造，形成了中国独特的佛学、因明学；自明朝末年西学传入中国后，中国的天文学、数学等就已经融入了西学的因素。马克思主义传入中国后，不少人用马克思主义理论研究中国历史文化，它们自然也成为了国学的一部分。因此，国学又是开放的、随时代而进步的。那么，当今我们研究、振兴国学，不允许也不应该倒退，不允许也不应该僵化。

然而，国学又是与西学明显区分的。国学是西学的对应物，是与西学完全不同的学术体系。在近代，西学挟坚船利炮强势进入中国之后，中国人还视自我，对于中国固有之学问的称呼出现了中学、国故学、国粹、国学这样的名称。面对“帝国主义”的强大，中国人自愧不如，一方面拼命地学习、引进西学，另一方面拼命地贬低、抛弃国学。虽然也有一些人，如张之洞为保护中华文化之根本，提出“中学为体，西学为用”，如胡适，提出“整理国故”，以“再造文明”“建立民族自信心”，但其声音终被时代所淹没。国学一再被严重曲解和轻视，造成了中国历史文化的大断裂。也许，这一历史过程是必然的。但回顾过去，中国在走向独立富强的过程中，国学所付出的代价实在太大、太惨重了。

新中国成立后，饱受屈辱的中国人从此站立了起来，民族自信心大大加强，但没有能够及时认识到国学在新时代的重要性，甚至仅存的一点点国学遗产也进一步成为被抛弃的对象。改革开放三十年之后，走向富强的国人终于幡然醒悟，保护和振兴国学逐渐成为全民的共识。一个强大的自立于世界民族之林的国家，必然要有与之相匹配的伟大的民族文化。中国人，从领导者、学术界到普通百姓，都在重新发现国学的现代价值。同时，在走向全球化的进程中，东西方各国也把目光投向了中国。中国学问，中国的一切都在被重新评价。中国不仅为了自身的建设和发展需要从传统文化中汲取智慧，而且也面临着以优秀的中华文化向全人类贡献智慧的责任和挑战。

那么，这套经典传家丛书的编纂就是可喜的，编纂者的初衷和努力就是可敬的。希望这套丛书能发挥点滴作用，如同涓涓细水与千百万有志者的努力一道汇成大潮，去迎接中华民族的伟大复兴！

是为序。

毛佩琦

二〇一五年五月

【前 言】

今天，我们常常把足智多谋的人物称赞为极富韬略，其中的“韬略”二字，便是化用于《六韬》和《三略》这两部我国古代的兵家秘典。

《六韬》相传为西周姜尚所著，“韬”是指用兵策略，《六韬》涉及广泛，包括军队编制、管理训练、排兵布阵等，集古代军事战略之大成。《三略》又称《黄石公三略》，即为传说中圯上老人授予张良的秘籍，该书博采儒家、法家、墨家、道家之长，多讲政治谋略。

我们常说的“韬略”，是指用兵的计策和为政的智谋，是在分析时局和处理军事政治等事务时，人的眼光和策略的统称。这些正是这本《六韬·三略》所忠实表达的内容，也是我们要在日常生活中获得成功所不可或缺的能力。

近年来常有“商场如战场”的说法，又有将兵法运用于商战而大获成功的案例，因此我国近年出现了解读、活用古代兵法的潮流，《孙子兵法》《三十六计》等都被吸收运用于商业策略中，襄助很多企业家成就了他们的商业神话。

这本《六韬·三略》虽是应潮流而编著，却绝非跟风之作，该书中不仅有古代兵家的战略，还有政治人物的智谋，更包含一些为人处世、与人交际的智慧韬略。

所谓知己知彼，百战百胜。其实，兵家奇谋，不过是利用人性弱点攻击敌人的手段。而政治谋略的运用，即是建立在对人性的透彻理解上。因此，文韬武略，不只是古代文臣武将朝堂上辩理和战场上角逐时，扫除政敌、克敌制胜的法宝，同时也是我们普通人在处理日常事务时应有的智慧和境界。这也正是熟读《六韬·三略》这部古代兵书，对于我们现代人的意义。

然而，《六韬》和《三略》创作年代距今久远，其古汉语的表述方式与现代有较大差异，因此我们特别推出了这套家藏四库“化读本”丛书。所谓家藏四库“化读本”丛书，是崇贤馆编委会经过近十年的调研、磨砺和升级，针对今人对古代典籍难解本义的困惑特别推出的一套丛书。书中汇集了题解、注释、译文、读音标注、图示、图注等多种解读形式，其具体设置如下：

1. 题解：为了让读者在读原文之前就对原文有所了解，我们为读者设置了题解这一板块，读者在读到题解时可以大致了解作者在本章节中主要讲述的内容和意图，在随后阅读原文时，以便读者更加准确地解读作者文意。

2. 注音：由于古籍中有很多生僻字、多音字、古今异音字，这些都会影响读者的阅读，我们对这些字进行了全书反复注音，以保证读者顺畅阅读。

3. 注释：为了读者能够更加准确地理解原文，我们对书中生僻、不易理解的字词和一些不太常见的典故，都进行了详细的注释，力求让读者在阅读原文过程中，深刻而全面地理解作者在书中阐述的策略和技巧。

4. 译文：为了帮助读者准确阅读原文，我们对原文进行了详细的翻译。读者可以在读完原文后将译文与原文进行对照阅读，以加深理解。

5. 图示：书中配有大量精美古代版画，这些古朴而雅致的古代原创版画，有的是古代成功运用兵法战例的图画，有的是古代兵家、政治家的画像，这些图画镶嵌于文中，拉近原文与读者的距离，使古代的兵书典籍变得生动、亲切。

希望这些版块可以一扫今人阅读经典原文的障碍，使读者快速融入先贤经典，汲取古人智慧，使国学真正进入现代生活。

此外，《六韬》《三略》这两部兵法典籍流传至今版本繁多，本书以《四库全书》藏本为底本，并参校了金人施子美《武经七书讲义》及清代朱镛《武经七书汇解》等书，力求为读者还原出作品的原貌。

研读兵法可以令今人洞悉商场形势，细品智谋可以教人在现世中立于不败之地，希望这部《六韬·三略》可以给予您更多现代生活中可用的感悟，帮助您以更智慧的方式解决人生中的问题。

著名古代哲学研究家汤一介，著名中国古典文学研究专家傅璇琮，著名历史学家毛佩琦，北京大学国学讲座特聘教授任德山，台湾易学名家刘君祖，著名文化学者、青年思想家余世存等人，对家藏四库化读本大力推广传统文化的方式表示赞叹，六人热情联袂推荐家藏四库化读本丛书。在此，对海峡两岸著名学者们的厚爱特表感谢！

崇賢書院

目录

龙韬

虎韬

六韬

文韬

文师

题解

“文师”意为文王之师，即太公望。本篇借周文王在渭水之滨偶遇太公望之事，阐述了“天下非一人之天下，乃天下人之天下也；同天下之利者则得天下，擅天下之利者则失天下”这一观点。本篇写文王见到太公之后，与之商讨得天下的谋略。太公以钓鱼的道理入手，对天下大事展开分析，指出殷商虽然看似强大，却已是日薄西山，周国可以乘机夺取天下，并提出得人心者得天下的观点，从仁、德、义、道等几个方面进行论述。本篇观点继承了周人敬天保民的思想，是“文韬”的核心所在。

[原文]

文王将田[1]，史编布卜[2]曰:“田于渭阳[3]，将大得焉。非龙非螭(chī)[4]，非虎非罴(pí)[5]；兆得公侯[6]，天遗汝师；以之佐昌，施及三王。”文王曰:“兆致是乎？”史编曰:“编之太祖史畴，为禹[7]占，得皋陶(gāo yáo)[8]，兆比于此。”文王乃斋三日，乘田车，驾田马，田于渭阳，

卒见太公[9]，坐茅以渔。

文王劳[10]而问之曰：“子乐渔耶？”太公曰：“臣闻君子乐得其志，小人乐得其事。今吾渔，甚有似也。”文王曰：“何谓其有似也？”太公曰：“钓有三权：禄等以权，死等以权，官等以权。夫钓以求得也，其情深，可以观大矣。”

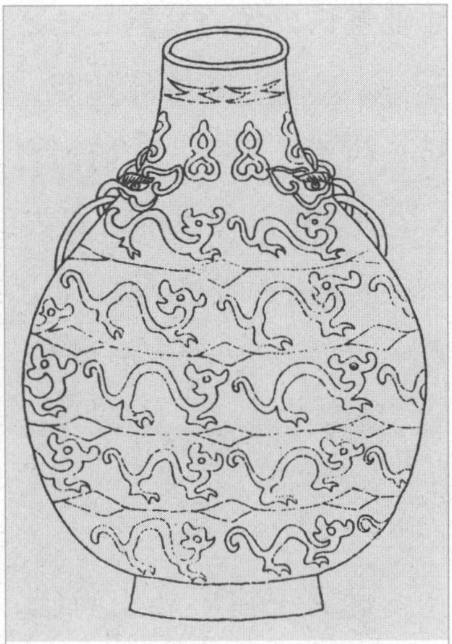

汉云螭壶

螭是传说中一种无角的龙。古建筑、器物或工艺品上常用其图形作装饰。传说螭是龙九子中的一子，好险，勇猛，屋檐翘起的部分都有它，称为螭吻。

[注释]

①文王：殷商末年周部落首领，姬姓，名昌，周武王之父，相传曾被纣封为西伯。田：通“畋”，狩猎。

②史编：史官编。史：官职名，掌管文书记录、祭祀占卜等事。编：人名。布卜：占卜。

③渭阳：渭水之北，古人以山南水北为阳。

④螭：传说中一种没有角的龙。

⑤罴：棕熊的古称，泛指猛兽。

⑥兆：卜兆，龟甲或兽骨经灼烧后出现的裂痕，占卜者据此判断吉凶。公侯：古代五等爵位为公、侯、伯、子、男，这里指

才能堪比公侯的贤能之士。

⑦太祖：家族的始祖。史畴：名叫畴的史官。禹：传说中夏后氏的首领，以治水而闻名，为夏朝的奠基者。

⑧皋陶：传说中东夷族的领袖。

⑨太公：姜姓，吕氏，名尚，又名望，西周诸侯齐国的始祖，尊称“师尚父”“太公望”。

⑩劳：慰劳，致意。

［译文］

周文王将要外出狩猎，太史编占卜吉凶，得出结果说：“这次在渭水之北狩猎，将会有很大的收获。所得的不是飞龙，也不是猛兽；占卜的结果显示，你将得到一位才能堪比公侯的贤士，这是上天赠给你的太师；让他来辅佐你，可以惠及子孙。”文王问：“卜兆真的如此吉利吗？”太史编答道：“我的祖先太史畴过去曾为大禹占卜，因而使他得到了皋陶这位贤臣，当时的卜兆和今天这次差不多。”文王于是斋戒三天，乘坐狩猎用的车马，到渭水之北狩猎，在巡游的时候，终于遇到了“太公望”，他正坐在茅草堆上垂钓。

文王亲自走过去向太公致意，并问他说：“你很喜欢钓鱼？”太公答道：“我听说君子能够为实现自己的志向而感到高兴，小人只是为了做好眼前的事情而感到高兴。现在我在此垂钓，道理跟这个很相似，大概并非真的因为喜欢钓鱼。”文王问：“为什么说跟钓鱼的道理很相似呢？”太公回答说：“垂钓之事体现了三种权谋：用俸禄吸引人才，用重金收买死士，用官爵招揽贤者。垂钓的目的是为了有所收获，所以求才与钓鱼有相似之处，其中的意义十分深奥，通过此事可以见微知著，从而领悟出治理天下的大道理。”

[原文]

文王曰：“愿闻其情。”太公曰：“源深而水流，水流而鱼生之，情也；根深而木长，木长而实生之，情也；君子情同而亲合，亲合而事生之，情也。言语应对者，情之饰也；言至情者，事之极也。今臣言至情不讳，君其恶之乎？”

文王曰：“惟仁人能受直谏，不恶至情。何为其然？”太公曰：“缗（mín）微饵明[1]，小鱼食之；缗调饵香，中鱼食之；缗隆饵丰，大鱼食之。夫鱼食其饵，乃牵于缗；人食其禄，

吕尚

姓姜，名尚，字子牙，东吕乡东吕里（今山东日照东）人，其先祖掌管四岳有功，封于吕（今河南宛县），子孙从封地改姓，故名吕尚。吕尚饱学，深明兵法战策，但家极贫。曾去殷商都城朝歌求仕，不成，几番辗转后，在渭水兹源以钓鱼为生。当他八十岁时，即约公元前1123年，遇见了西伯侯姬昌，姬昌认定他是难得的贤才，便礼聘他为专管军事的“师”，后又尊称其为“太公望”。

乃服于君。故以饵取鱼，鱼可杀②；以禄取人，人可竭；以家取国，国可拔；以国取天下，天下可毕③。呜呼！曼曼绵绵④，其聚必散；嘿(mò)嘿昧昧⑤，其光必远。微哉！圣人之德，诱乎独见。乐哉！圣人之虑，各归其次，而树敛焉⑥。”

［注释］

①缗：鱼线，钓鱼用的丝线。

②杀：这里指捕获。

③毕：都，全部，这里作动词，意为取得。

④曼曼：同“漫漫”，广阔无边。绵绵：持续长久。

⑤嘿嘿：同“默默”，寂然无声。昧昧：昏暗不明的样子。

⑥树敛：收揽人心。

周文王

殷商时西部的部落领袖。由于他笃行仁政，尊老爱幼，招贤纳士，深受部族人的喜爱。同时，周围一些小部落也纷纷向他投靠，因此周的势力日益扩大。

［译文］

文王说：“我想听你进一步讲讲其中的道理。”太公说：“水的源头深远，水就会流动，流动不止就会有鱼在此生长，这是符合世间常理的；树的根扎得深就会枝繁叶茂，枝

繁叶茂就会结出很多果实，这也是符合世间常理的；君子志趣相投就会亲近和睦，亲近和睦事业就会成功，这仍然是符合世间常理的。语言的交流，是用来表达内心真实感受的，如果能够道出真情，那么就可以说是探求事理的极致了。现在我所说的都是直言不讳的心里话，您听了不会反感吧？”

文王说：“凡是仁德之人都能接受正确的劝谏，不会对他人的肺腑之言有反感。我怎么能厌恶你对我说的那些话呢？”太公说：“微细的鱼线和明显的鱼饵，可以钓到个头很小的鱼；适中的鱼线和芳香的鱼饵，可以钓到体型中等的鱼；粗长的鱼线和丰盛的鱼饵，可以钓到大鱼。鱼吃了诱饵，就会被鱼线所牵制；人拿了俸禄，就会服从于君主。所以用诱饵捕鱼，就可以捉到鱼；用俸禄聘取士，就可以找到人才；从私家入手去夺取国家，就能攻克这个国家；以本国为基础去夺取天下，就必定会征服天下。唉！广阔无边而持续长久的事物，其治理如果不得其法，即使聚集在一起也终究会消散；寂然无声而淳厚浑朴的事物，若能顺应世间的常理，光芒必定能够照耀得长久而悠远。真微妙啊！圣人的仁德，以其独到的见解诱导世人。真快乐啊！圣人的思虑，使天下万物各得其所，并且能够收揽人心。”

［原文］

文王曰：“树敛何若，而天下归之？”太公曰：“天下非一人之天下，乃天下之天下也；同天下之利者，则得天下；擅①天下之利者，则失天下。天有时，地有财，能与

人共之者，仁也；仁之所在，天下归之。免人之死，解人之难，救人之患，济人之急者，德也；德之所在，天下归之。与人同忧同乐，同好同恶者，义也；义之所在，天下赴之。凡人恶死而乐生，好德而归利，能生利者，道也；道之所在，天下归之。”

文王再拜曰：“允②哉！敢不受天之诏命③乎！”乃载与俱归，立为师。

［注释］

①擅：专擅，独享。

②允：诚信，公正。

③天之诏命：上天的命令。古人相信天命，称改朝换代为“革命”，因此这里周文王自称接受了“天之诏命”。

［译文］

文王接着问：“如何通过收揽人心的方法来使天下归服呢？”太公答道：“天下不是某一个人的天下，而是天下人共有的天下；与天下人同享利益的人能够得到天下，将天下人的利益独自垄断的人就会失去天下。天有四季的变化，地有万物的生成，能够与天下人共同分享的，就是仁爱；仁爱存在的地方，天下人自然前去归服。能够免除人们死亡，解决人们困难，拯救人们祸患，接济人们急需的，就是恩德；恩德存在的地方，天下人自然前去归服。与人们共同分享欢乐，一起分担忧虑，爱人之所爱，恨人之所恨的，就是正义；正义存在的地方，天下人自然前往奔赴。凡是人就没有不厌恶死而乐于生的，没有不喜好仁德而追寻利益的，能够使人获得利益的，就是天道；天道存在的地方，天下人自然会纷纷归附。”

文王连续拜谢了两次，说：“真的很公允啊！我怎么敢不接受上天的诏命呢！”于是他与太公同乘狩猎的车子回去，任命其为太师。

盈虚

题解

“盈虚”是事物发展过程中始终存在的一对矛盾，“日中则昃，月满则亏”说的就是这个道理。本篇说的是治国之道，“盈虚”在这里指的是盛衰，国家的治乱兴衰关键在于君主的贤明与否，而不是由天命决定的。本篇借太公望之口指出，如果君主贤明，自然“国安而民治”，否则“国危而民乱”，接着又以古代圣贤之君帝尧为例，进一步阐明实现天下大治的具体要求，即作为国君必须做到清心寡欲、轻徭薄赋、发展生产、严明赏罚、存养孤苦等事。治国作为“文韬”的重要内容，是大战略的核心环节。

[原文]

文王问太公曰：“天下熙熙[1]，一盈一虚[2]，一治一乱，所以然者，何也？其君贤不肖不等乎？其天时变化自然[3]乎？”

任贤图治

帝尧在位，任用贤臣治理天下。那时贤臣有羲氏兄弟二人、和氏兄弟二人。帝尧让他们四个人将历法付予百姓，使知时令变化，不误农时；使羲仲管理春时耕作；使羲叔管理夏时变化；使和仲管理秋时收成；使和叔管理冬时更易。又访问四岳，让四岳荐举天下贤人可用者，于是四岳举帝舜为相。

太公曰："君不肖④，则国危而民乱；君贤圣，则国安而民治。祸福在君，不在天时。"

［注释］

①熙熙：纷杂，人多。或说广大。

②盈：充满。虚：空虚。

③天时：原指天道运行的规律，这里指天命。自然：在不经人力干预的情况下自由发展而成。

④不肖：原指子孙长得不像祖先，即不如祖先贤能，后引申为不贤之意。

［译文］

文王问太公道："天下纷扰杂乱，盛衰无常，治乱更替，造成这种局面的原因是什么呢？难道是因为君主贤能与否的差别吗？难道是因为天命的变化而自然生成的吗？"

太公回答说："君主不贤明，就会导致国家危难，民众混乱；君主圣明，就会让国家太平，民众安定。国家的祸福在于君主的贤明与否，不在于天命的变化与否。"

[原文]

文王曰："古之贤君，可得闻乎？"太公曰："昔者，帝尧之王（wàng）天下[1]，上世所谓贤君也。"

文王曰："其治如何？"太公曰："帝尧王（wàng）天下之时，金银珠玉不饰，锦绣文绮不衣，奇怪珍异不视，玩好之器不宝[2]，淫佚[3]之乐不听，宫垣屋室不垩（è）[4]，甍（méng）桷（jué）椽楹不斫（zhuó）[5]，茅茨遍庭不剪，鹿裘御寒，布衣掩形，粝粱[6]之饭，藜（lí）藿（huò）[7]之羹，不以役作之故，害民耕绩之时，削心约志，从事乎无为[8]。吏忠正奉法者，尊其位，廉洁爱人者，厚其禄。民有孝慈者，爱敬之；尽力农桑者，慰勉之。旌别淑德[9]，表其门闾[10]。平心正节，以法度禁邪伪。所憎者，有功必赏；所爱者，有罪必罚。存善天下鳏寡孤独，赈赡祸亡之家。其自奉也甚薄，其赋役也甚寡，故万民富乐而无饥寒之色。百姓戴其君如日月，亲其君如父母。"文王曰："大哉！贤君之德矣。"

[注释]

①尧：传说中上古时代的华夏部落联盟首领，他勤政爱民，后禅让于舜。王天下：称王于天下，“王”在这里作动词，意为称王。

②玩好之器：供人赏玩的精美器物。宝：这里作动词，即“以之为宝”。

③淫佚：恣意淫乐，放荡不羁。

④垩：一种白色的土，常用来涂饰墙壁，这里作动词，意为粉刷。

⑤甍：屋脊。桷：方形的椽子。椽：放在檩子上架屋面板和瓦的条木。楹：堂屋前部的大柱子。斫：本义为刀斧，引申为用刀斧砍之意，这里指雕饰甍、桷、椽、楹。

⑥粝粱：粗糙的粮食。

⑦藜藿：两种野菜，泛指粗劣的食物。

⑧无为：无所作为，顺应常道，《论语·卫灵公》说：“无为而治者，其舜也与？”

⑨旌别：区别。德：应作“慝”，意为邪恶，《尚书·毕命》中有“旌别淑慝，表厥宅里”之语。

⑩门闾：乡里，门庭。

[译文]

文王说：“古代圣贤君主的事迹，我可以听一听吗？”太公回答说：“从前帝尧称王于天下，是上古时代人们所说的贤明君主。”

文王又问：“他治理天下的方法是怎样的呢？”太公答道：“帝尧称王于天下的时候，不用金银珠宝做装饰物，不穿绫罗绸缎制成的衣服，不看世间少有的奇异物品，不把供人赏玩的珍贵器具视为宝贝，不听放荡淫靡的音乐，不粉饰宫廷的墙壁，不雕饰房屋的梁柱，不修剪庭院的茅草，穿鹿皮抵御风寒，以布衣遮蔽身体，吃粗糙的饭食，喝野菜做的羹汤，不因为公家劳役而耽误农民耕织的时节，抑制自己的欲望，从而做到无为而治。对于官吏，忠诚正直奉公守法的，就提升他的爵位；廉政清白爱护民众的，就增加他的俸禄。对于民众，孝敬父母慈爱幼儿的，就要予以关爱和尊重；全力从事耕地种桑的，就要给予勉励和慰问。区分善恶，表彰良民，保持公正的态度与合理的原则，用法律和制度禁绝奸邪与伪善。自己所憎恶的人，有了功劳也一定给予奖赏；自己所宠爱的人，犯了错误也一定给予惩罚。抚恤天下的老弱孤苦之人，救济遭受灾祸的家庭。帝尧自己的俸禄十分微薄，向百姓征收的赋税劳役也非常少，所以天下的百姓富足快乐，脸上没有饥寒交迫的神色。百姓像敬仰天上的日月一样拥戴他，像亲近父母一样亲近他。”文王说：“真伟大啊！贤明君主的仁德！”

过蒲赞政

子路为蒲宰，孔子到了蒲地，再三称赞，子贡很奇怪。孔子说，一入蒲地，田地沟渠治理得好，说明子路为政恭敬，讲信用，人民才这样尽力；进了城，房屋坚固，树木茂盛，说明子路忠实待人，人民安居乐业；到了官衙，庭院清净，说明官吏尽职，施政不侵扰人民。为君者若能爱民如子，以百姓的劳苦为悲，以百姓的安乐为乐，则天下必大治。

国务

题解

“国务”就是“为国之大务”，说的也是治国之道。本篇旨在说明国家治乱兴衰的要务在于君主的贤明与否，阐明了治国的核心政策就是爱民。爱护民众就要避免损害百姓利益、无故杀戮百姓、滥用民力等行为，也就是篇中借太公所说的“利而勿害，成而勿败，生而勿杀，与而勿夺，乐而勿苦，喜而勿怒”。本篇分别论述了利、成、生、与、乐、喜和害、败、杀、夺、苦、怒之间的关系，反映了儒家“仁政”和“推己及人”的政治思想。

［原文］

文王问太公曰：“愿闻为国之大务，欲使主尊人安，为之奈何？”太公曰：“爱民而已。”

文王曰：“爱民奈何？”太公曰：“利而勿害，成而不败[1]，生而勿杀，与而勿夺，乐而勿苦，喜而勿怒。”

文王曰：“敢请释其故。”太公曰：“民不失务，则利之；农不失时，则成之；省刑罚，则生之；薄赋敛[2]，则与之；俭宫室台

榭③，则乐之；吏清不苛扰，则喜之。民失其务，则害之；农失其时，则败之；无罪而罚，则杀之；重赋敛，则夺之；多营宫室台榭以疲民力，则苦之；吏浊苛扰，则怒之。故善为国者，驭民④如父母之爱子，如兄之爱弟。见其饥寒则为之忧，见其劳苦则为之悲，赏罚如加于身，赋敛如取己物，此爱民之道也。”

［注释］

①败：毁坏。

②赋敛：田赋，税收。

③台榭：台指的是一种高而平的建筑物，榭是建在台上的房屋，台榭泛指楼台等建筑物，为游观之地。

④驭民：也称“御民”“牧民”，即驾驭和统治人民。古代统治者把民众比作供人驱使的牲畜，故有这种说法。

［译文］

文王问太公说：“我想听一听治理国家的要务，如果要使君主受到尊崇，民众安居乐业，应该怎么办？”太公回答说：“仅仅在于爱护百姓这一点罢了。”

文王又问：“爱护百姓应该怎样去做呢？”太公答道：“给予他们利益，不要加以损害；成全他们的事业，不要进行破坏；给他们以生路，不要无故残害；对他们施以恩惠，不要随意侵夺财产；

让他们安居乐业，不要使其劳顿困苦；让他们感到欣喜，不要使其心怀怨怒。”

文王说：“我冒昧地请你再解释一下其中的道理。”太公回答说：“百姓不失掉本职工作，就是给予他们利益；农夫不误农时，就是成全他们的事业；减免刑罚，就是给他们以生路；减轻赋税，就是对他们施以恩惠；少修建舞榭歌台，就会让他们安居乐业；官吏清廉而不骚扰百姓，就会让他们感到欣喜。百姓失去了本职工作，就是对他们的损害；农民耽误了耕作的时节，就破坏了他们的家业；民众无罪而遭到惩罚，就等于无故残害了他们；加重田赋和税收，就相当于夺取了他们的财产；大兴土木营建宫室来消耗民力，就会使他们感到困苦；官吏腐败残暴，就会激起民怨。因此善于治理国家的君主，驾驭民众就像父母怜爱子女，就像兄长爱护弟弟。看到他们饥寒交迫就为他们感到忧虑，看到他们劳顿困苦就为他们感到悲伤，对百姓的赏罚就像施加在自己身上一样，征收赋税就像取走自己的物品一样，这就是爱护民众的道理。”

大 礼

题 解

“大礼”指的是君臣之间的行为准则，对双方均有约束力。本篇杂糅了先秦诸子百家的主要思想，“为上唯临，为下唯沉”和“深渊度之，不可测也”是法家思想，“虚心平志，待物以正”是道家思想，“周则天也，定则地也”和“以天下之目视，则无不见也”则是典型的儒家思想。篇中既包含了韩非子所说的权术，又包括老子“重为轻根，静为躁君”的思想，还有《尚书》中“天视自我民视，天听自我民听”的思想。君主要通过明察治理天下，这是本篇的一个重要观点。篇中首先阐述了君臣之间的行为规范，强调贵贱有序、各安其分，然后从“主位”“主听”“主明”三个方面着重论述了君主应具备的基本素质。

[原文]

文王问太公曰：“君臣之礼如何？”太公曰：“为上唯临①，为下唯沉②。临而无远③，沉而无隐④。为上唯周⑤，为下唯定⑥。周，则⑦天也，定，则地也。或天或地，大礼乃成。”

[注释]

①临：居高临下，引申为洞察下情。

②沉：深沉隐伏，引申为驯服恭敬。

③远：指疏远民众。

④隐：隐匿私情，这里指不忠诚，有二心。

⑤周：普遍，引申为广施恩德。

⑥定：安定，引申为安分守己。

⑦则：效法。

[译文]

文王问太公说：“君臣之间的礼节是怎样的呢？”太公回答说：“作为君上，应当洞察下情；作为臣下，应当恭顺虔敬。洞察下情

就不会脱离群众，恭顺虔敬就不会心怀不忠。作为君上，要广施恩惠；作为臣下，要安分守己。广施恩惠，就是效法上天育养万物；安分守己，就是效法大地纯朴厚重。君主效法上天，臣民效法大地，这样贵贱有序、尊卑有别的礼法就形成了。”

［原文］

文王曰:“主位如何？”太公曰:“安徐而静，柔节先定[1]，善与而不争。虚心平志，待物以正。”

文王曰:“主听如何？”太公曰:“勿妄而许[2]，勿逆而拒[3]。许之则失守[4]，拒之则闭塞。高山仰之[5]，不可极也。深渊度之，不可测也。神明之德，正静其极。”

文王曰:“主明如何？”太公曰:“目贵明，耳贵聪，心贵智。以天下之目视，则无不见也；以天下之耳听，则无不闻也；以天下之心虑，则无不知也。辐辏[6]并进，则明不蔽[7]矣。”

［注释］

①安徐而静，柔节先定：居于君位要安详从容而清静无为，以和柔之气节制自己，先能定己然后可定人。《管子·九守》有此语，《管子·势》作“安徐正静，柔节先定”。

②妄而许：全盘肯定，草率地接受。

③逆而拒：全盘否定，武断地拒绝。

④守：操守，原则。

⑤高山仰之：像高山一样令人景仰，语出《诗经·小雅·车辖》。

⑥辐辏：车轮的辐条集中于车轴。

⑦蔽：蒙蔽。

高山深渊

高山巍巍，深渊冥冥，君主的气质风度，要像高山一样，使人仰望不能窥见其峰顶；要像深渊一样，使人俯视无法测度其深浅。

[译文]

文王问："居于君位上应该怎样做呢？"太公回答说："要安详从容而清静无为，以和柔之气节制自己，先定己然后可定人，要多施以恩惠，不与民争利。谦虚谨慎，心志平和，以公正的态度对待世间万物。"

文王问："做君主的应该怎样听取别人的意见呢？"太公回答说："不能草率地全盘接受，不能武断地全盘拒绝。轻易接受就会失掉自己的原则，妄加拒绝就阻塞了臣下的言路。君主应该如同高山一样令人景仰，使人无法望见其顶端。应该如同深渊一样，使人无法探测其深浅。神圣英明的君王之德，就是使公正清静达到极致。"

文王问："做君主的应该怎样做到明察一切呢？"太公回答说："眼睛贵在看得清楚，耳朵贵在听得真切，心贵在思虑周详。君主用天下人的眼睛去看，就没有看不到的；用天下人的耳朵去听，

没有听不见的；用天下人的心去思考，就没有不知道的。天下之事就会像车轮上的辐条聚集于车轴四周一样，从四面八方汇集到君主那里，那么君主的神明就不会被蒙蔽了。”

明　传

题解

“明传”指的是周文王临终前打算将先圣之道明确地传给后人，因此本篇从国家的兴盛与衰亡这两个方面阐述了所谓古代圣王的治国要义。“义胜欲则昌，欲胜义则亡；敬胜怠则吉，怠胜敬则灭”是本篇提出的一个重要观点。篇中首先以“见善而怠，时至而疑，知非而处”为先圣之道废弃的原因，又以“柔而静，恭而敬，强而弱，忍而刚”为先圣之道兴盛的原因，在主张勤政爱民的同时，还强调居强守弱，这里带有些许道家哲学的意味。本篇借太公望之口提出了上述观点，站在历史的高度总结出了一套治国理论，看似立足于道家思想，却没有大肆宣扬清静无为，反而极力强调勤政，这又明显地带有儒家思想的痕迹。相传尧、舜均为勤俭之君，而桀、纣都亡于荒淫怠惰。

[原文]

文王寝疾[1]，召太公望，太子发[2]在侧。曰：“呜呼！天将弃予，周之社稷将以属[3]汝。今予欲师[4]至道之言，以明传之子孙。”

夏桀纵欲

夏朝最后一位君主桀，不重君主之道，不顾天下大义，一味纵欲骄横，宠幸妹喜，建脯林酒池，征集天下百姓来满足一己私欲，最终国灭人亡。

太公曰："王何所问？"文王曰："先圣之道，其所止，其所起，可得闻乎？"

太公曰："见善而怠，时至而疑，知非而处，此三者，道之所止也。柔而静，恭而敬，强而弱，忍而刚，此四者，道之所起也。故义胜欲则昌，欲胜义则亡；敬胜怠则吉，怠胜敬则灭。"

[注释]

①寝疾：卧病在床。

②太子发：周文王次子，名发，因其长兄伯邑考早死而被立为太子，后继位为君，是为武王，伐纣灭商后，建立周朝。

③社稷：原指土地之神和谷物之神，因为中国有以农为本的思想，所以后来代指国家。属：同"嘱"，嘱托，委托。

④师：效法，学习。

[译文]

文王卧病在床，召见"太公望"，太子发在身边陪伴。文王对太公说："唉！上天将要遗弃我了，周国的社稷就托付给你了。现在我想学习古代圣王的至理名言，将其明确地传授给我的子孙。"

太公问："大王想问些什么事情呢？"文王说："古代圣王治理天下的方法，废弃的原因，兴盛的缘由，可以让我听一听吗？"

太公回答说："看见善事却懒得去做，时机来临却犹豫不决，知道有错却不思悔改，这三种情况，就是大道将要废弃的征兆。政策柔和并且居处清静，待人恭敬并且工作认真，自身强大却能以柔弱自居，能忍万物从而坚毅不屈，这四种情况，就是大道将要兴盛的征兆。所以道义压制贪欲，国家就会昌盛；贪欲压制道义，国家就会衰亡。勤敬胜过怠惰，做事情就会有好结果；怠惰胜过勤敬，做事情就难逃失败的厄运。"

六守

题解

"六守"指的是六种选拔人才的标准，也可以解释为官吏应具备的六种品德、六种素质。本篇讲的是用人之道，首先开门见山地指出君主失去政权的原因在于用人不当，接着提出了选拔人才的六条标准，即"六守"，分别为"仁""义""忠""信""勇""谋"。关于考察人才的具体方法，篇中列出"富之""贵之""付之""使之""危之""事之"六种手段，并与"六守"一一对应。选拔人才后就要委以重任，于是引出"三宝"的概念，即关系到国家经济命脉的农业、工业、商业，同时强调君主必须控制住这三大支柱，否则将失掉自己的权威。本篇的最后得出结论，即"六守长，

则君昌；三宝全，则国安”。历史上通过改革实现富国强兵的例子不胜枚举，齐桓公时的管仲改革重视工商业发展，秦孝公时的商鞅变法重视农业发展，两国均在改革后走向强盛。由此可见，本篇的观点深受法家思想的影响。

［原文］

文王问太公曰：“君国主民[1]者，其所以失之者何也？”太公曰：“不慎所与也。人君有六守[2]、三宝[3]。”

文王曰：“六守者何也？”太公曰：“一曰仁，二曰义，三曰忠，四曰信，五曰勇，六曰谋：是谓六守。”文王曰：“慎择六守者何？”太公曰：“富之[4]，而观其无犯；贵之，而观其无骄；付之，而观其无转[5]；使[6]之，而观其无隐；危之，而观其无恐；事[7]之，而观其无穷。富之而不犯者，仁也；贵之而不骄者，义也；付之而不转者，忠也；使之而不隐者，信也；危之而不恐者，勇也；事之而不穷者，谋也。人君无以三宝借人，借人则君失其威。”

文王曰：“敢问三宝。”太公曰：“大[8]农，

大工，大商，谓之三宝。农一其乡⑨则谷足，工一其乡则器足，商一其乡则货足。三宝各安其处，民乃不虑。无乱其乡，无乱其族。臣无富于君，都无大于国⑩。六守长，则君昌；三宝全，则国安。”

管仲

管仲（？一前645），名夷吾，颍上（今属安徽）人，被后人誉为“春秋第一相”。管仲改革注重经济，反对空谈主义，主张改革以富国强兵，为此在全国划分政区，组织军事编制，设官吏管理；建立选拔人才制度，士经三审选，可为“上卿之赞”（助理）；按土地分等征税，禁止贵族掠夺私产；发展盐铁业，铸造货币，调剂物价。最后，辅佐齐桓公成为春秋时期第一霸主。

［注释］

①君国主民：统治国家管理民众，这里的“君”和“主”都作动词。

②六守：指六种选拔人才的标准。

③三宝：指三种关系国家经济命脉的大事。

④富之：使之富，让他富有。下文的“贵之、付之、危之等”也是这种句式。

⑤转：改变，这里指意志发生偏移。

⑥使：派人出使。

⑦事：使唤，役使。

⑧大：这里作动词，意为大力发展。

⑨一其乡：集中于一个地区。

⑩都：君主分封给臣下的采邑。国：国都，首都。

［译文］

文王问太公说："治国御民的君主，失掉政权的原因是什么呢？"太公回答说："这是因为他没有慎重地将政务交给合适的人去料理。君主必须要做好六守、三宝。"

文王问："六守是什么意思呢？"太公回答说："一是仁爱，二是道义，三是忠贞，四是诚信，五是勇敢，六是智谋，这就是六守。"文王又问："怎样才能慎重地选拔具有这六种品德的人呢？"太公回答说："使他富有，看他是否违犯法度；令他显贵，看他是否骄横无礼；交给他重任，看他是否认真工作；派遣他外出，看他是否毫无隐瞒；让他身处险境，看他是否临危不惧；安排他去做事，看他是否有应变能力。富有却不违犯法度，就说明他具备仁爱之心；显贵而不骄横无礼，就说明他心中怀有道义；交给他重任而能尽职尽责，就说明他忠贞不二；派遣他外出而如实禀报，就说明

举贤贡能

治理国家、安定人民的关键在于人才的选择和制度的完备。周武王平殷回来后问太公："今民未安，贤者未定，如何？"太公曰："无故无新，如天如地。得殷之财，与殷之民共之，则商得其贾，农得其田也。一目视则不明，一耳听则不聪，一足步则不行。选贤自代，上下各得其所。"

他诚实可信；身处险境而毫不畏惧，就说明他勇毅果敢；处理问题能够随机应变，就说明他足智多谋。君主不能把三宝交给别人，交给别人的话，君主就会丧失他的权威。”

文王说：“冒昧地请教一下三宝的含义。”太公说：“大力发展农业、工业、商业，这就是三宝。农民聚集在一个地方从事耕耘，当地的粮食就会变得充足；工匠聚集在一个地方从事生产，当地的器物就会变得充足；商人聚集在一个地方从事贸易，货物就会变得充足。从事这三种职业的人各司其职，安居乐业，民众就不会有忧虑了。不要让他们随意移居到别的地方，不要让这种经济结构变得混乱。大臣的财富不能超过君主，采邑的规模不能超过国都。具有六守品德的人多了，君主的事业就会兴盛；三宝得以发展、完善，国家就可以长治久安了。”

守土

题解

“守土”意为守卫国土，因此本篇探讨的是国防战略中稳定内部的环节。篇中主要论及三个观点：一是君主要控制权柄，属于法家的政治主张；二是君主要把握良机，防微杜渐，含有朴素辩证思想；三是君主要施行仁政以富民，明显受到儒家的影响。“借人国柄，则失其权”“借人利器，则为人所害”，这是本篇提出的一个重要观点。韩非子在解释这一问题时列举了很多实例，春秋战国之交发生的田氏代齐、三家分晋都属于大臣以下犯上，最终篡夺君位的情况。此后历代，因大权旁落而死于非命的帝王不计其数，这些事情可

以充分证明这一点。稳定内部需要借助权术和仁义两种手段，不可偏废其一。除此之外，本篇还提出了“抚其左右，御其四旁”的策略，也就是在稳定内部的前提下，通过外交手段实施“守土”的战略。

［原文］

文王问太公曰：“守土奈何？”太公曰：“无疏其亲，无怠其众；抚其左右，御其四旁。无借人国柄①，借人国柄，则失其权。无掘壑而附丘②，无舍本而治末。日中必彗③，操刀必割，执斧必伐。日中不彗，是谓失时；操刀不割，失利之期；执斧不伐，贼人将来。涓涓④不塞，将为江河；荧荧⑤不救，炎炎⑥奈何；两叶不去，将用斧柯⑦。是故人君必从事于富，不富无以为仁，不施无以合亲。疏其亲则害，失其众则败。无借人利器，借人利器，则为人所害而不终其正也。”

文王曰：“何谓仁义？”太公曰：“敬其众，合其亲。敬其众则和，合其亲则喜，是谓仁义之纪⑧。无使人夺汝威。因其明，顺其常。顺者任之以德，逆者绝之以力⑨。敬之勿疑，天下和服。”

戒酒防微

事物的发展由小及大，小错改起来容易，大错改起来就很费力气，所以古人经常强调防微杜渐，治理国家尤其如此。大禹之时，有一人叫作仪狄，善造酒。他将酒进上大禹，禹饮其酒，甚是甘美，遂说道：“后世之人，必有放纵于酒以致亡国者。”于是疏远仪狄，再不许他觐见。

［注释］

①无借人国柄：不要把国家的权柄交给别人。《老子》说：“国之利器不可以示人。”《韩非子·喻老》解释说：“赏罚者，邦之利器也，在君则制臣，在臣则胜君。”上文所说的“无借人利器”也是这个意思。

②无掘壑而附丘：不要挖坑取土以加高小山，意为不要损害下级的利益来满足上级的需要。

③日中必彗：中午阳光强烈，正好用来晒东西，比喻做事要当机立断，不可贻误良机。

④涓涓：细小的流水。

⑤荧荧：微弱的火光。

⑥炎炎：熊熊烈火。

⑦斧柯：斧柄，此代指斧子。

⑧纪：纲纪，准则。

⑨绝之以力：用武力予以征伐。

［译文］

文王问太公说：“守卫国土应该怎么做呢？”太公回答说：“不要疏远了宗亲，不要怠慢了民众，安抚左右邻邦，控制天下四方。不要让国家的权柄落到别人手中，如果授人以柄，君主就会失去自己的权威。不要损害下级的利益来满足上级的需要，不要舍弃根本问题去计较细枝末节。太阳在正午时，正好可以晒东西；手中握有利刃时，正好可以收割粮食；手中拿着战斧时，正好可以攻伐。太阳当空却不晒东西，这就是坐失良机；手握利刃却不收割，这就是耽误农时；拿着斧钺却不攻伐，坏人就会趁机作乱。细小的水流不堵塞，就能汇聚成江河；微弱的火苗不去扑灭，燃成大火将不可收拾；两片嫩芽不被摘除，以后就要用斧头砍伐。因此，君主一定要致力于使国家变得富强，不富强就谈不上仁义，不施以恩惠就无法团结宗亲。疏远了宗亲就会有危害，失去了民心就会走向失败。不要将治国的利器交给别人，如果大权旁落，就会被他人所害，从而不能得到善终。”

文王问：“什么是仁义呢？”太公回答说：“恭敬地对待民众，诚挚地团结宗亲。恭敬地对待民众就会和谐，诚挚地团结宗亲就会喜悦，这就是施行仁义的要领。不要让人削夺了你的权威，因循自己的明智，顺应常理行事。对于顺从的人就以仁德去任用他，对于违逆之人就用武力去消灭他。以这种恭敬谨慎的态度治理国家，并且毫不怀疑地执行下去，天下人自然就会恭顺臣服了。”

守　国

题　解

“守国”讲的并不是国防战略，与“守土”含义不同，说的是使国家长治久安的方略。本篇首先阐述了顺应自然之道治理民众的理念，接着谈论了在天下动荡时韬光养晦，抓住有利时机为天下倡，从而利用民众的力量夺取天下。篇中

提出了明暗两条主线：一是根据天地运行的规律制定国策，利用民众的力量达到自己的政治目的，这是明线；二是防止自己的臣民中间出现不安定因素，以免被他人所利用，这是暗线。这两点都符合所谓的“仁圣之道”。古语说：“千里之堤，溃于蚁穴。”只有顺天应人的治国之道，才能实现社会的安定和平，从而使国家长治久安。

［原文］

文王问太公曰：“守国奈何？”太公曰：“斋①，将语君天地之经②，四时所生，仁圣之道，民机之情。”王斋七日，北面③再拜而问之。

太公曰：“天生四时，地生万物。天下有民，仁圣牧④之。故春道生，万物荣；夏道长，万物成；秋道敛，万物盈；冬道藏，万物寻⑤。盈则藏，藏则复起，莫知所终，莫知所始。圣人配⑥之，以为天地经纪⑦。故天下治，仁圣藏；天下乱，仁圣昌，至道其然也。圣人之在天地间也，其宝固大矣。因其常而视之，则民安。夫民动而为机，机动而得失争矣。故发之以其阴⑧，会

之以其阳⑨，为之先唱⑩，天下和之。极反其常，莫进而争，莫退而让。守国如此，与天地同光。”

丹书受戒

斋戒沐浴，通常是在拜佛敬神或进行祭祀前的一种仪式，古人借助这种方式来表达对事情的看重和诚心。武王刚刚即位时，向姜尚询问治国的方法，姜尚说：“这种方法载在《丹书》之中。大王您要是想倾听，就请大王先沐浴斋戒吧！”于是武王斋戒听从教导，成为一代英明君主。

[注释]

①斋：斋戒。古人在祭祀等重要仪式之前，通过沐浴更衣、不喝酒、不吃荤、不与妻妾同寝等方式表示虔诚庄敬的态度。

②经：常理，规律。

③北面：面向北行礼，为下级对上级、晚辈对长辈的礼仪。君主面南而坐，周文王对太公望北面而拜，以此表示敬意。

④牧：治理，管理。

⑤寻：恢复宁静。

⑥配：调配。

⑦经纪：纲常，法度。

⑧发之以其阴：暗中积蓄力量。发，孕育。阴，暗中。

⑨会之以其阳：在明处把握机会成事。会，会面，这里引申为处理、成事。阳，公开、明处。

⑩唱：同“倡”，倡导。

[译文]

文王问太公说："使国家长治久安应该怎么做呢？"太公回答说："先去斋戒，然后我将跟你说一说天地变化的基本规律，四季运行的不同情况，仁圣之君治理天下的方法，民众心中的各种意愿。"文王随即斋戒了七天，向北面拜了又拜，询问太公国家长治久安之道。

太公说："上天生成四季，大地养育万物。天下的民众，由仁圣之君来统治。所以春天的特点是萌发，使万物能够繁荣；夏天的特点是生长，使万物能够成熟；秋天的特点是收获，使万物能够充盈；冬天的特点是消藏，使万物能够恢复宁静。充盈之后就是消藏，消藏之后就又起而复生，不知道到哪里才算结束，也不知道从哪里才算开始。圣人根据自然规律调配万物，以此作为天地之间通行的法则。因此天下和平安定的时候，仁圣之君就隐匿起来；天下动乱不安的时候，仁圣之君就显现出来，世间的真理正是如此。圣人立于天地之间，他的作用自然是非常重要的。因循常理来对待天下之事，百姓就会过得安定。然而民心浮动就会产生不安定因素，不安定因素一旦被触发，就会出现得失之争了。所以要暗中积蓄力量，在明处把握机会成事，率先倡导民众，这样就能得到全天下的响应。当天下形势由大乱恢复到正常状态的时候，不要站出来争夺功劳，也不要躲起来推脱谦让。使国家长治久安的原则就是这样，做到以上几点就可以像天地那样赢得人们永久的尊敬了。"

上贤

题解

“上贤”就是“尚贤”，即崇尚贤人之意。西周施行宗法制，根据血缘亲疏确定尊卑贵贱。到了春秋战国时期，宗法制趋于瓦解，一些出身不高却有真才实学的士人开始受到重用，于是产生了“尚贤”的观念。儒家思想中有选贤任能的主张，而最早正式提出“尚贤”思想的是墨子。本篇借太公望之口，阐述了君主应尊重德才兼备之人，贬抑无才无德之人的观点，反映了战国末期百家合流的思想倾向。篇中提出了“六贼”“七害”的概念，提出对“伤王之德”“伤王之化”“伤王之权”“伤王之威”“伤功臣之劳”“伤庶人之业”这六种有害之事应该予以禁绝，提出对七种有害之人应该“勿使为将”“勿与谋”“勿近”“勿宠”“勿使”“禁之”“止之”。本篇最后提出了君主监督和考察臣下的办法，即“高居而远望，深视而审听，示其形，隐其情”，为臣下营造一种天威不可测的感觉，这又属于典型的法家“术治”和“势治”理论，即通过权术和威势驾驭群臣。

[原文]

文王问太公曰：“王人者[1]何上何下？何取何去？何禁何止？”太公曰：“王人者上贤[2]，下不肖；取诚信，去诈伪；禁暴乱，止奢侈。故王人者有六贼[3]七害。”

文王曰："愿闻其道。"太公曰："夫六贼者，一曰，臣有大作宫室池榭，游观倡④乐者，伤王之德；二曰，民有不事农桑，任气游侠⑤，犯历法禁，不从吏教者，伤王之化；三曰，臣有结朋党⑥，蔽贤智，障主明者，伤王之权；四曰，士有抗志高节，以为气势，外交诸侯，不重其主者，伤王之威；五曰，臣有轻爵位，贱有司⑦，羞为上犯难者，伤功臣之劳；六曰，强宗侵夺，凌侮贫弱者，伤庶人之业。

［注释］

①王人者：为人之君者，即人君。

②上贤：也作"尚贤"，推崇贤能之人。《墨子》有《尚贤》篇，《老子》有"不尚贤，使民不争"之语。

③贼：伤害，这里指有害之事。

④倡：古代表演音乐歌舞的人。

⑤任气：放任，意气用事。游侠：指性情豪爽、喜好结交、重义轻利的人，即侠客。因为游侠常以武力为人排忧解难，所以被统治者所不容。《韩非子·五蠹》有"侠以武犯禁"的说法，称游侠为危害社会的五种蛀虫之一。

⑥朋党：因暂时性共同利益而组成的政治集团。

⑦有司：泛指官吏。

[译文]

文王问太公说："对于君王来说，什么样的人应该尊崇，什么样的人应该贬抑？什么样的人应该任用，什么样的人应该驱逐？什么样的事应该杜绝，什么样的事应该制止？"太公回答说："君王应该尊崇贤能之人，贬抑不贤之人；任用诚实守信之人，驱逐奸诈伪善之人；杜绝残暴昏乱的现象，制止奢侈挥霍的行为。所以君王应该警惕六种有害之事、七种有害之人。"

文王说："我想听一听其中的道理。"太公说："这六种有害之事，一是臣下有大兴土木修建宫室亭台、专供游玩观赏舞乐的行为，就损害了君王的德行；二是民众有不务农种桑、放任自流、危害社会、触犯法度的行为，就损害了君王的教化；三是臣下有结党营私、排挤忠良、蒙蔽主上的行为，就损害了君王的权力；四是士人有标榜节操、自负清高、在外私下结交诸侯、不尊重自己君主的行为，就损害了君王的威信；五是臣下有轻视君主授予的爵位、轻视各级官吏、不屑于为君上排忧解难的行为，就损害了功臣的成绩；六是豪门大族侵夺他人财物，欺凌贫弱之人，就损害了平民的产业。

风尘三侠

风尘三侠是虬髯客、李靖、红拂女的合称，他们是隋末唐初有名的三位侠士。古代多有侠士豪强，不农不工，任气妄为，常常扰乱社会秩序，损害君主与法度的威严，太公称其为"六贼"之一。

[原文]

"七害者，一曰，

无智略权谋，而以重赏尊爵之故，强勇轻战，侥幸于外，王者谨勿使为将；二曰，有名无实，出入异言，掩善扬恶，进退为巧，王者谨勿与谋；三曰，朴其身躬，恶其衣服，语无为以求名，言无欲以求利，此伪人也，王者慎勿近；四曰，奇其冠带，伟其衣服，博闻辩辞，虚论高议，以为容美，穷居静处，而诽时俗，此奸人也，王者慎勿宠；五曰，谗佞苟得①，以求官爵，果敢轻死，以贪禄秩②，不图大事，得利而动，以高谈虚论，说于人主，王者谨勿使；六曰，为雕文刻镂，技巧华饰，而伤农时，王者必禁之；七曰，伪方异伎③，巫蛊左道④，不祥之言，幻惑⑤良民，王者必止之。

［注释］

①谗：说人坏话。佞：巧言谄媚。苟得：通过不正当的方式获得。

②禄秩：官吏的薪俸。

③伪方异伎：骗人的方术，狡诈的技艺。

④巫蛊：用巫术陷害他人。左道：邪门歪道。

⑤幻惑：惑乱人心。

[译文]

“这七种有害之人，一是毫无智慧谋略的人，然而为了获得丰厚的赏赐和尊贵的爵位，依仗着勇猛之气轻率出战，企图侥幸取胜立功，大王千万不要让这种人做将领；二是徒有虚名而毫无实际才能，在不同场合说的话互相矛盾，掩盖他人的好处而宣扬他人的坏处，到处投机取巧，大王千万不要让这种人参与谋划；三是有着朴素的外表，穿着破旧的衣服，借着清静无为的说辞谋求功名，凭着无欲无求的态度追逐利禄，这是虚伪的人，大王千万不要接近这种人；四是穿戴着奇伟瑰丽的衣冠，表现出丰富的见识，并且能言善辩，漫无边际地高谈阔论，以此为自己增添荣耀，居住在幽静之处，却毁谤时事，这是奸诈的人，大王千万不要宠信这种人；五是通过谗媚获取利益，以此谋求官职爵位，冲动鲁莽不顾生死，以此谋求高官厚禄，从不顾全大局，见到小利就立即行动，说着浮夸的言辞，用来取悦君主，大王千万不要任用这种人；六是专门从事雕琢刻镂精美纹饰，用纯熟的技巧打造华丽的装饰物，然而对发展农耕却毫无益处，大王必须对这种人的行为加以禁绝；七是以骗人的方术和狡诈的技艺、邪门歪道的巫术陷害他人，以不吉利的言语迷惑善良的民众，大王必须对这种人的行为加以制止。

[原文]

“故民不尽力，非吾民也；士不诚信，非吾士也；臣不忠谏，非吾臣也；吏不平洁爱人，非吾吏也；相不能富国强兵，调和

阴阳[1]，以安万乘之主[2]，正群臣，定名实，明赏罚，乐万民，非吾相也。夫王者之道如龙首，高居而远望，深视而审听，示其形，隐其情。若天之高，不可极也；若渊之深，不可测也。故可怒而不怒，奸臣乃作；可杀而不杀，大贼乃发；兵势[3]不行，敌国乃强。”文王曰：“善哉！”

[注释]

①调和阴阳：调和万物之理，以实现风调雨顺、五谷丰登，通常指宰相处理政务。

②万乘之主：大国之君。一车四马为一乘，天子拥地方千里，有兵车万乘，诸侯拥地方百里，有兵车千乘，战国时少数诸侯也成为拥有万乘兵车的君主。

③兵势：用兵，打仗，讨伐敌国。

委任贤相

宰相是辅助国君处理政务的最高官职，所以宰相人选的确定对于国家治理的成败至关重要。唐玄宗即位之初，励精图治，知道姚元崇是个贤臣，遂任他为宰相，每事必问他，姚元崇素有才能，练达政事，随问随答，如响之应声，其他僚官皆不能及。于是玄宗专意委任之，此后细事都不用亲自过问。

[译文]

“所以民众不能尽职尽责耕田种桑的，就不是我的国民；士人不能诚实守信出使别国的，就不是我

的士人；臣子不能尽忠直谏的，就不是我的臣下；官吏不能公正廉洁爱护百姓的，就不是我的官吏；宰相不能富国强兵，调和万物之理，使一国之君安心，规范群臣的言行，使事物的名称与实质相符，严明赏罚，使万民安乐的，就不是我的宰相。君王的作用就像龙头，居高临下而举目远望，深刻注视而仔细聆听，显露出庄严的外表，隐藏内心的感受。就像苍天的高度不可企及，就像潭渊的深度无法测量。所以君王在应该发怒的时候不发怒，奸佞之臣就会起来作乱；对应该杀的人不杀，更大的灾祸就会一触即发；不去征讨有罪的邦国，敌对之国就会趁机强盛起来。”文王说：“说得太好了！”

举贤

题解

“举贤”是在“上贤”思想的基础上采取的实质性措施，根本目的在于辅佐君主治理国家。本篇提出了“按名督实，选才考能，令实当其名，名当其实”的举贤方法，不以“世俗之所誉者为贤”，强调唯才是举，通过考察选贤任能。战国时期，养士之风盛行，然而很多贵族只是为了虚名而招揽人才，却并不对这些贤士委以重任，本篇以借古讽今的手法对这一现象进行了批判。国家危难之际，急需人才，如果过分拘泥于世俗的观点，就难以选拔真正的贤士。孔子说：“不如乡人之善者好之，其不善者恶之。”意思是说，好人喜欢的和坏人讨厌的人多半会是个好人。与孔子相比，本篇提出的举贤措施显然更加系统，也更有可行性。能够真正发掘人才的潜力，多听取他人的建议，就可以收到“举贤而获其功”的效果。

[原文]

文王问太公曰："君务举贤而不能获其功，世乱愈甚以致危亡者，何也？"太公曰："举贤而不用，是有举贤之名，而无用贤之实也。"

文王曰："其失安在？"太公曰："其失在君好用世俗[①]之所誉，而不得其真贤也。"

[注释]

①世俗：指俗人，平庸之人。

[译文]

文王问太公说："君主选拔人才却无法收到实效，世道越发混乱，使国家陷入危亡的境地，这是什么原因呢？"太公回答说："选拔人才却不加以任用，是空有举贤的虚名，而没有用贤的实质。"

文王说："这种过失的根源在什么地方呢？"太公回答说："过失在于君主喜欢任用世间庸俗者所称誉的人，却无法得到真正的贤士。"

[原文]

文王曰："何如[①]？"太公曰："君以世俗之所誉者为贤，以世俗之所毁者为不肖，则多党者进，少党者退。若是，则群邪比周[②]

而蔽贤，忠臣死于无罪，奸臣以虚誉取爵位。是以世乱愈甚，则国不免于危亡。”

文王曰：“举贤奈何？”太公曰：“将相分职，而各以官名举人③。按名督实，选才考能，令实当其能，名当其实，则得举贤之道也。”

［注释］

①何如：何故，什么原因。

②比周：结党营私，朋比为奸。

③举人：推举选拔人才。

［译文］

文王又问：“这是什么原因呢？”太公回答说：“君主把世间庸俗者所称誉的人视为贤能之士，把世间庸俗者所诋毁的人视为不贤之人，那么势力强大的人就会被选用，势单力薄的人就会被辞退。像这样的话，那些奸邪小人就会结党营私而排挤真正的贤能之士，忠贞之臣就会死于莫须有的罪名，奸佞之臣就会凭借虚假的荣誉骗取爵位。所以世道更加混乱，国家就难以避免地走向危亡的结果了。”

旌贤去奸

选拔人才首先要能区分贤与不肖，重用贤人，除绝佞人，是国家安定的保证。

文王问："那么选拔人才应该怎样做呢？"太公回答说："将文武官员的职权分开，根据不同官职的需要选举人才。按照他们的职务来确定选拔条件，对选拔上来的人才进行能力考核，使每一名官吏的才能配得上所担任的职务，名声与实质相符，这样就掌握选拔人才的方法了。"

赏　罚

题　解

"赏罚"就是奖赏与刑罚，是管理过程中最常用的两种基本手段，如果运用得当，就会起到积极的作用，否则将会破坏上下级之间的信任与团结。韩非子说："二柄者，刑德也。何谓刑德？曰：杀戮之谓刑，庆赏之谓德。""刑"就是"罚"，"德"就是"赏"。对有功之人应予以奖赏，对有罪之人则要加以惩罚，这是先秦法治思想的两个核心概念。奖赏是为了激励，刑罚是为了惩戒，二者的根本目的都是维护制度的权威，使被管理者明白哪些事该做，哪些事不该做。本篇最可贵之处就是提出了"赏信罚必"的观点，这是维护制度权威的关键。有功不赏，有过不罚，人们就会失去工作的积极性，也将导致制度因丧失权威而难以运转下去。所以在管理的过程中，奖赏与刑罚并不是目的，而只是手段罢了，否则将难以收到"存劝""示惩"的效果。

[原文]

文王问太公曰："赏所以存劝[1]，罚所以

示惩。吾欲赏一以劝百，罚一以惩众，为之奈何？”太公曰：“凡用赏者贵信[2]，用罚者贵必[3]。赏信罚必于耳目之所闻见，则所不闻见者莫不阴化[4]矣。夫诚畅于天地，通于神明，而况于人乎？”

［注释］

①劝：鼓励，劝勉。

②信：指有功必赏。

③必：指有过必罚。

④阴化：潜移默化地被影响。

［译文］

文王问太公说：“奖赏用来勉励人们积极进取，刑罚用来警示人们注意言行。我想通过奖赏一个人来达到勉励百人的作用，通过惩罚一个人来达到警示众人的效果，应该怎么做呢？”太公回答说：“凡是实施奖赏的都贵在守信，实施惩罚的都贵在必行。有功必赏而有过必罚，让人们听得见看得着，那么听不见看不着的人也会潜移默化地受到影响了。诚信畅行于天地，通达于神明，何况对于普通人呢？”

兵　道

题　解

“兵道”就是用兵之道，讲的是作战时具体的战略战术。

本篇阐述了用兵的几点基本原则和方法，一是在战场上统一政令，二是注意事物矛盾的两个方面可以相互转化这一问题，三是兵不厌诈与出奇制胜。篇中提出的三点可以说是全书战略战术思想的总概括，也是中国古代兵家思想的精华。关于在战场上统一政令，司马穰苴、孙子、周亚夫都曾说过“将在外，君命有所不受”之类的话，反映了兵家统一指挥的主张。关于矛盾相互转化的问题，道家对朴素辩证法的发展做出了很大贡献，兵家更是将这一思想运用到军事理论中。关于搞情报和出奇兵，本篇“兵胜之术，密察敌人之机，而速乘其利，复疾击其不意”的观点与《孙子·九变》“兵之情主速，乘人之不及，由不虞之道，攻其所不戒也”的说法极为相似，可见深受后者影响。由于本篇论述的是战略战术问题，与“文韬”其他篇主旨不同，且开篇语为“武王问”，而不像前几篇以“文王问”开篇，大概是今本《六韬》将原属于“武韬”的这一篇移至“文韬”中的缘故。

[原文]

武王问太公曰:“兵道何如？”太公曰:“凡兵之道，莫过于一[1]。一者，能独往独来[2]。黄帝曰:‘一者，阶[3]于道，几于神[4]。’用之在于机，显之在于势，成之在于君。故圣王号兵为凶器[5]，不得已而用之。今商王[6]知存而不知亡，知乐而不知殃。夫存者非存，

在于虑亡；乐者非乐，在于虑殃。今王已虑其源，岂忧其流乎！”

武王问曰：“两军相遇，彼不可来，此不可往，各设固备，未敢先发。我欲袭之，不得其利，为之奈何？”太公曰：“外乱而内整，示饥而实饱，外钝而内精。一合一离，一聚一散。阴其谋，密其机，高其垒，伏其锐，士寂若无声，敌不知我所备。欲其西，袭其东。”

武王曰：“敌知我情，通我谋，为之奈何？”太公曰：“兵胜之术，密察敌人之机，而速乘其利，复疾击其不意。”

[注释]

①一：政令统一。

②独往独来：军队行动自由，不受任何牵制。《孙子·九变》有将领带兵“君命有所不受”的观点，说的就是这个意思。

③阶：阶梯，这里作动词，意为逐步通向某处。

④几于神：接近神妙莫测的境界。

⑤凶器：不祥之物。《国语·越语》说：“兵者，凶器也。”《老子》说：“兵者不祥之器，非君子之器，不得已而用之。”

⑥商王：指纣王，即帝辛，商朝末代帝王。

黄帝

黄帝姓姬，号轩辕，人称轩辕黄帝，被尊为华夏民族的祖先。我国早期的史籍《国语》《左传》，都把黄帝说成是神话人物。千百年来，黄帝是人还是神一直是个谜。

[译文]

武王问太公说："用兵讲究哪些方法呢？"太公回答说："凡是用兵的方法没有比得上政令统一的。做到了政令统一，就能使军队在行动的过程中不受任何牵制。黄帝说：'用兵时政令统一，就能循序渐进地通向真理，接近神妙莫测的境界。'带兵打仗在于把握有利战机，彰显威力在于集中优势兵力，建立功业在于君主的作为。所以古代圣王说兵器是不祥之物，只有在被逼无奈的情况下才发动战争。现在的商王只知道自己的统治还存在，却不知道自己的政权快要灭亡了，只知道沉湎于声色犬马之乐，却不知道马上就要面临灾祸。存在的不会永远存在，关键在于思虑避免灭亡；快乐的不会永远快乐，关键在于思虑避免灾祸。现在大王已经考虑到关系国家长治久安的根本问题，又何必为那些细枝末节的问题感到担忧呢！"

武王说："两军相遇于阵前，对方攻不过来，我方攻不过去，双方都设置了坚固的防御工事，没有一方敢率先发起攻击。现在我想对敌人发起进攻，却无法找到有利时机，应该怎么做才好呢？"太公回答说："外部佯装混乱而内部整齐严谨，表现出饥饿无力的样子而实际上粮草充足，内部配备精良的武器而外部展示出粗劣的装备。让军队时而联合时而离去，时而聚集时而解散。隐藏作战的部署，保守行动的机密，加高防御的堡垒，埋伏精锐的将士，使整个军队寂静得好像一点声音都没有，让敌人不知我方的准备。打算进攻对方的西边，但是佯装袭击东边。”

武王问：“如果敌人已经知道了我方的情况，打探到我方的作战部署，应该怎么做才好呢？”太公说：“带兵战胜对方的策略，在于秘密侦察敌人行动的时机，然后迅速占据有利形势，再趁他们不注意的时候发动突然袭击。”

武韬

发启

题解

“发启”就是开启的意思，对应篇中“利天下者，天下启之”一句。本篇论述了夺取天下的策略，其中的核心观点是“修德以下贤，惠民以观天道”。接着又从“天道”入手展开论述，对“人道”进行分析，通过观察人们的“心”“意”“情”确定攻伐的时机，在时机不成熟的情况下“不可先倡”“不可先谋”。本篇强调“全胜不斗，大兵无创”的战争，不提倡以殊死搏斗的方式战胜敌人，《孙子·谋攻》说“是故百战百胜，非善之善者也；不战而屈人之兵，善之善者也”，与此异曲同工。做好战前准备，就可以“无甲兵而胜，无冲机而攻，无沟堑而守”。除此之外，强调“大智若愚”的道家哲学也对本篇的观点发挥了重要影响，主张隐藏自己的战略企图，抓住有利时机出奇制胜。当发现敌方败亡的征兆显现，就可以发“大明”“大义”“大兵”夺取天下了。不战而胜的关键是收揽民心，这就需要统治者与民同利。只有赢得天下民心，胜利的大门才会向自己敞开，正好呼应“发启”这一篇名。

[原文]

文王在丰[1]召太公，曰：“呜呼！商王虐

极，罪杀不辜。公尚助予忧民[2]，如何？”

太公曰：“王其修德以下贤[3]惠民，以观天道[4]。天道无殃，不可先倡；人道[5]无灾，不可先谋。必见天殃，又见人灾，乃可以谋；必见其阳，又见其阴，乃知其心；必见其外，又见其内，乃知其意；必见其疏，又见其亲，乃知其情。行其道，道可致也；从其门，门可入也；立其礼，礼可成也；争其强，强可胜也。全胜不斗[6]，大兵无创[7]，与鬼神通。微哉！微哉！与人同病相救，同情相成，同恶相助[8]，同好相趋。故无甲兵而胜，无冲机[9]而攻，无沟堑而守。

妲己害政

商纣王是中国历史上有名的暴君，他穷兵黩武，宠信妲己，不理朝政，耽于酒色，暴敛重刑，导致民怨四起。周武王东伐至盟津，诸侯叛商者八百；双方战于牧野，纣军败，纣王自焚于鹿台。

［注释］

①丰：亦作酆，周文王消灭崇国以后从岐迁都于此，在今陕西户县东。

②公尚：指太公。忧民：为民担忧，这里指拯救天下百姓。

③下贤：礼贤下士，指居高位者屈尊结交贤能之士。

④天道：指天命。

⑤人道：指人事。

⑥全胜不斗：不需与敌人交战而大获全胜。

⑦大兵无创：军队出征作战而全军上下无人受伤。

⑧助：同“锄”，除去。

⑨冲机：古代战争中用于冲锋的机械，如云梯或冲车。

[译文]

文王在丰邑召见太公望，他说：“唉！商王现在残暴到了极点，罪在杀害无辜，你协助我来拯救天下百姓，怎么样？”

太公回答说：“大王要修持仁德，礼贤下士，对民众施以恩惠，来观察天命的变化。如果上天没有降下灾祸，不可以率先倡议讨伐暴政；人间没有发生灾祸，不可以率先谋划出动军队。必须在看到上天降下灾祸，同时又看到人间发生灾祸的时候，才能进一步谋划起兵之事；必须在看到显露在外的表象，又看到隐藏在内的本质的时候，才能知道人心所向；必须在看到外在的一面，又看到内在的一面的时候，才能知道人们的意图；必须在看到哪些人被疏远，又看到哪些人被亲近的时候，才能知道人们的感情。按照这一方法去实践人间正道，大道就可以实现；遵循这一途径寻找理想之门，大门就可以进去；根据这一原则制定礼法，礼法就可以确立；凭借这一原则竞争强敌，强敌就可以战胜。不需与敌人交战而大获全胜，军队出征作战而全军上下无人受伤，这种精妙的智慧甚至可以与鬼神相通。真微妙啊！真微妙啊！在与他人患有同样疾病的情况下能够相互救治，具有同样感情的情况下能够相互扶持，对于共同厌恶的可以一

起铲除，对于共同爱好的可以一起追求。所以没有军队也能取胜，没有冲车也能进攻，没有壕沟也能防守。

［原文］

“大智不智，大谋不谋，大勇不勇，大利不利。利天下者，天下启[1]之；害天下者，天下闭[2]之。天下者，非一人之天下，乃天下之天下也。取天下者，若逐野兽，而天下皆有分肉之心；若同舟而济，济则皆同其利，败则皆同其害。然则皆有以启之，无有闭之也。无取于民者，取民者也；无取于国者，取国者也；无取于天下者，取天下者也。无取民者，民利之；无取国者，国利之；无取天下者，天下利之。故道在不可见，事在不可闻，胜在不可知。微哉！微哉！鸷(zhì)鸟[3]将击，卑飞[4]敛翼；猛兽将搏，弭耳[5]俯伏；圣人将动，必有愚色[6]。

［注释］

①启：打开，这里引申为拥戴。

②闭：关闭，这里引申为反对。

③鸷鸟：猛禽，如鹰、雕、隼等。

鹰

鹰是一种凶猛的飞禽。鹰的种类很多，有的叫鹰，有的叫鹫、鸢、鸷、枭、雕、隼等。它们体态雄伟，性情凶猛，有一双锐利的眼睛和一副强有力的爪子。

④卑飞：低飞。

⑤弭耳：即帖耳，动物以此表示温驯。

⑥愚色：愚笨的样子。

［译文］

“大智是不显现在外的智慧，大谋是不显现在外的谋略，大勇是不显现在外的勇猛，大利是不显现在外的利益。造福天下的人，天下人拥戴他；危害天下的人，天下人反对他。天下，并不是属于一个人的天下，而是天下人共有的天下。夺取天下的情势，就好像众人追逐野兽一样，天下人都有分得一块肉的想法；又好像同乘一条船渡河，能渡过去大家就都能享有这份好处，渡不过去大家都会一起承担损失。既然这样的话，那么天下人就都能拥戴他，没有反对他的了。看上去丝毫没有从民众那里获取利益的，实际上已经得到了民众的欢迎；看上去丝毫没有从国家那里获取利益的，实际上已经得到了那个国家的支持；看上去丝毫没有从天下获取利益的，实际上已经得到了全天下的拥戴。不从民众那里索取，民众自然会给他利益；不从国家那里索取，国家自然会给他利益；不从天下索取，天下人自然会给他利益。所以天道是微妙而难以看见的，人事是隐秘而无法听到的，胜利是巧妙而不能知晓的。真微妙啊！真微妙啊！猛禽将要攻击猎物之前，必定先低空飞行，收起双翼；野

兽将要与对手搏击之前，必定先帖起耳朵，俯下身体；圣人将要行动之前，必定先表现出愚笨的样子。

［原文］

“今彼殷商[1]，众口相惑，纷纷渺渺[2]，好色无极[3]：此亡国之征[4]也。吾观其野，草菅（jiān）[5]胜谷；吾观其众，邪曲胜直；吾观其吏，暴虐残贼，败法乱刑，上下不觉：此亡国之时也。大明[6]发而万物皆照，大义发而万物皆利，大兵发而万物皆服。大哉，圣人之德！独闻独见，乐哉！”

［注释］

①殷商：商朝。商朝前期频繁迁都，直至第二十位帝王盘庚迁都于殷（今河南安阳小屯）之后，政权趋于稳定，因此又称殷商。

②纷纷：纷繁杂乱的样子。渺渺：深邃幽远的样子。

③无极：没有穷极。

④征：征兆。

⑤草菅：野草。

⑥大明：指太阳。

［译文］

“现在他们殷商流言蜚语惑乱人心，朝野上下纷纷扰扰，帝王沉溺于酒色不可自拔：这是国家将要灭亡的征兆。我观察他们的田野，杂草多于五谷；我观察他们的民众，奸邪多于忠良；我观察他们的官吏，凶暴残忍，祸害百姓，败坏礼法，乱施酷刑，然而君臣上下却都没有意识到其中的危害：这是国家将要灭亡的时候了。太阳放出光芒，世间万物都沐浴在阳光里；道义得以伸张，世间万物都享受其利益；大军集结出发，世间万物都会因为这种威德而归服。真伟大啊，古代圣王的仁德！独到的见解，真是令人感到快乐啊！”

文 启

题 解

“文启”有以文教化之意，然而不同于儒家的道德说教，更接近于道家“我无为而民自化”的思想，因此与“武韬”其他各篇的主旨并不相符。本篇的核心思想就是以清静无为的治国之道实现国家的长治久安，因此“政之所施，莫知其化；时之所行，莫知其移”。只要顺应自然规律，遵循民情风尚，就可以长治久安。除此之外，篇中节减刑罚、休养生息的主张也颇具道家特色。君主效法圣人以文教化，于是“民化而从政”“民无与而自富”，这都是因为“天无为而成事”，因此民众就会“各乐其所，人爱其上”。

[原文]

文王问太公曰：“圣人何守？”太公曰：

“何忧何啬[1]，万物皆得；何啬何忧，万物皆遒[2]。政之所施，莫知其化；时之所在，莫知其移。圣人守此而万物化，何穷之有，终而复始。优之游之[3]，展转[4]求之；求而得之，不可不藏；既以藏之，不可不行；既以行之，勿复明之。夫天地不自明，故能长生；圣人不自明，故能明彰[5]。

［注释］

①啬：吝惜。

②遒：强劲，坚韧。

③优之游之：悠闲自得的样子。

④展转：反复。

⑤明彰：声明显著。

［译文］

问礼老聃

老聃即老子，“无为而治”是老子思想的核心。他认为统治者要治理好国家，应当不干涉人民的行为，不用教育，让他们自然发展。《礼记·曾子问》曾四次记载孔子问礼于老子。

文王问太公说：“圣人治理天下应该遵循什么原则呢？”太公回答说：“不要忧虑，不要吝惜，万物自然会各得其所；不要吝惜，不要忧虑，万物自然会茁壮成长。施行政令，使人潜移默化地受到影响；时间流逝，让人感觉不到其中的变化。圣人遵循这一原则，万物自我开化，哪里还会有穷尽呢？万物必会无穷无尽，周而复始。这样悠闲自得地运转，反复不停地追求；已经追求到了，就必须将其隐藏在内心深处；已经隐藏在心中了，就必须在治理天下的过程中施行；已经施行了，就没必要再公之于众了。天地不自我宣扬，所以能长久地运行；圣人不自我宣扬，所以能够声明显著。

［原文］

“古之圣人，聚人而为家，聚家而为国，聚国而为天下，分封①贤人以为万国，命之曰大纪②。陈其政教，顺其民俗，群曲化直，变于形容③。万国不通④，各乐其所，人爱其上，命之曰大定。呜呼！圣人务静之，贤人务正之，愚人不能正，故与人争。上劳则刑繁，刑繁则民忧，民忧则流亡，上下不安其生，累世不休，命之曰大失。天下之人如流水，障⑤之则止，启之则行，动之则浊，静之则清。呜呼，神哉！圣人见其所始，则知其所终。”

［注释］

①分封：分赐土地，授予爵位。周代封建制为逐级分封，天子分封诸侯，诸侯分封卿大夫。

②大纪：纲纪，根本制度。

③形容：形貌、外表，这里指风气习俗。

④不通：不同。

⑤障：阻碍。

［译文］

“古代的圣人，把人聚集在一起组成家，把家聚集在一起组成国，把国聚集在一起组成天下，分封贤能之人，作为万国的诸侯，这是治理天下的根本制度。诸侯遵循本国原有的政治教化，顺从原有的民俗风情，让百姓的不正当行为改正过来，从而移风易俗。每个国家的情况各不相同，但是遵循这一原则仍然可以使人们各得其所，百姓爱戴他们的君上，这是真正的安定太平。唉！古代圣人以清静为要务，贤人以公正为要务，愚人不能心存公正，所以要与他人争夺。居高位者就会频繁使用刑罚，滥用刑罚就会使民众感到担忧，民心忧惧就会逃亡他乡，朝野上下不能安分宁静，连续几代都得不到休养，这是政策的最大失误。天下民心就像流水一样，阻碍它就停止不前，引导它就奔流而行，搅动它就浑浊不堪，静止它就清澈洁净。唉，真神奇啊！圣人见证了它的开始，就能知道它的结局。”

［原文］

文王曰：“静之奈何？”太公曰：“天有常形①，民有常生②，与天下共其生，而天下静矣。太上③因之，其次化之，夫民化而从政。是以天无为而成事，民无与而自富，

此圣人之德也。”文王曰：“公言乃协予怀④，夙夜⑤念之不忘，以用为常⑥。”

［注释］

①天有常形：上天有一定的运行规律。

②民有常生：民众有一定的生活习惯。

③太上：上天，天帝。

④协予怀：正合我意，符合我的想法。协，和谐，融洽。

⑤夙夜：早晚。

⑥常：常法，基本原则。

［译文］

文王又问：“怎样做才能使民心静止呢？”太公回答说：“上天有一定的运行规律，民众有一定的生活习惯，君主能与天下人共同遵循这种生活习惯，天下民心就自然平和静止了。上天遵循这些规律，然后以此教化世间万物，百姓因此受到教化而服从政令。所以上天清静无为而能成大事，百姓没有多余的负担就可以自然富足，这就是圣人的恩德。”文王说：“你的话正合我意，我会时刻将其铭记于心，作为治理国家的基本原则。”

耕

图中表现的是春耕的情景。太公说：“天有不变的运行轨道，春生夏长，秋成冬藏；百姓有不变的生活规律，春耕夏耘，秋收冬息。”

文　伐

题　解

“文伐”就是用非军事手段打击敌人，包括谍报、声讨等出兵前的准备活动，属于政治、外交斗争的范畴，其目的在于分化、瓦解和削弱敌人，为最终动用军事手段创造条件。本篇列举了十二种“文伐”的方法，都是通过权谋的手段，使敌人的内部矛盾尖锐化、公开化，从而实现分化、瓦解和削弱敌人的目的，为从军事上消灭敌人奠定基础。最后指出：“十二节备，乃成武事。所谓上察天，下察地，征已见，乃伐之。”从现代军事理论的角度上来说，本篇十二种手段大多属于间谍战的范畴。历史上越王勾践佯装臣服于吴王夫差，并鼓动其北上与齐、晋等大国争夺中原霸权的做法，就属于“文伐”的策略。

［原文］

文王问太公曰：“文伐[1]之法奈何？”

太公曰：“凡文伐有十二节[2]：

“一曰因其所喜，以顺其志，彼将生骄，必有奸事；苟能因之，必能去之。

“二曰亲其所爱，以分其威，一人两心，其中必衰；廷无忠臣，社稷必危。

“三曰阴赂[3]左右，得情甚深；身内情外[4]，

国将生害。

“四曰辅其淫乐，以广其志，厚赂珠玉，娱以美人；卑辞委听，顺命而合[5]，彼将不争，奸节[6]乃定。

“五曰严[7]其忠臣，而薄其赂；稽留其使，勿听其事，亟为置代[8]；遗以诚事，亲而信之。其君将复合之。苟能严之，国乃可谋。”

［注释］

①文伐：使用非军事手段打击敌人。《武经七书汇解》解释说：“以文事伐人，不用交兵接刃而伐之也。”

②节：量词，项、条。

③赂：赠送礼物，以财货收买别人。

④身内情外：身在此处而心向彼方。

⑤顺命而合：服从命令以迎合他。

⑥奸节：邪恶的行为。

⑦严：尊敬、尊重，这里指交好敌国忠臣以从中离间。

⑧亟为置代：极力促成对方改派使者。

［译文］

文王问太公说：“用非军事的手段打击敌人，应该怎么做呢？”

太公回答说：“大凡以非军事的手段打击敌人，其方法有十二条：

“一是根据对方君主的喜好，顺从他的愿望，那么他们就会产生骄傲自满的思想，必定会做出奸邪之事；假使我方能趁机行事，一定可以除掉他们。

“二是亲近对方君主的宠臣，利用这个人的威信，一个人怀有贰心，他的忠诚度必定会衰减；这个时候对方君主就没有忠臣来辅佐了，这个国家必定陷入危亡的境地。

“三是暗中收买对方君主身边的人，与他们建立起深厚的情谊；这些人虽然身在朝中，心却向着我方，这个国家必定会产生祸患。

“四是满足对方君主的淫乐欲望，增进他贪功好利的想法，送给他珠宝玉器等丰厚的礼物，用美女供他娱乐；用谦卑的语言奉承他，委身服从他的命令，迎合他的心意，他将会丧失斗志，奸邪荒淫的行为于是也就形成了。

“五是尊敬对方君主手下的忠臣，适当送给他们一些微薄的礼物；扣留对方派来的使者，故意拖延时间不与之交涉，极力促成对方改派使者，然后与新派来的使者诚恳协商，使其亲近并信任我方，从而使对方君主与我方重新修好，如果真的能通过假装尊敬敌国忠臣的方式实施离间，就可以谋划夺取这个国家了。”

[原文]

“六曰收其内，间其外；才臣外相①，敌国内侵，国鲜不亡。

“七曰欲锢(gù)其心，必厚赂之；收其左右忠爱，阴示以利，令之轻业，而蓄积空虚。

“八曰赂以重宝，因与之谋，谋而利之。利之必信，是谓重亲②。重亲之积，必为我用。有国而外，其地大败。

“九曰尊之以名，无难其身；示以大势，从之必信。致其大尊，先为之荣；微饰圣人，国乃大偷[3]。”

［注释］

①外相：去其他国家担任宰相。战国时期有将大臣外派至其他国家任相国的风气，目的在于通过结盟对付第三国，外派的大臣同时也起到人质的作用。秦昭襄王曾任命齐国孟尝君为相，吕不韦也曾派张唐去燕国为相。

②重亲：多次以重金收买对方，使之与本方亲近，为己所用。

③国乃大偷：国家政务懈怠废弛。

［译文］

“六是收买敌国内部的人，离间他们外派的人；派遣有才干的大臣去敌国担任宰相，敌国内部又明争暗斗，这样的国家很少会有不灭亡的。

“七是要想禁锢对方君主的意志，就必须用丰厚的礼物贿赂他；收买他身边的忠臣与宠臣，暗中许诺给他们好处，让他们荒废自己的事业，从而将储藏的资财消耗殆尽。

“八是用厚重的宝物贿赂对方的重臣，顺便跟他们谋划，在谋划之后再给他好处。他们得到好处之后必定信任我方，这种手段叫作‘重亲’。多次收买之后，他们必定为我所用，在自己的国家任职却为别的国家做事，这个国家必定会遭受惨败。

“九是以盛名尊崇对方君主，不要用纷繁的事务去麻烦他；向他陈述天下大势，如果他能听从就必定会相信；致使对方妄自尊大之后，先让他们感到荣耀，稍微以圣人之德来夸饰，这个国家的政务一定会懈怠废弛。”

［原文］

“十曰下之必信，以得其情，承意应事，如与同生。既以得之，乃微收之。时及将至，若天丧之。

“十一曰塞[1]之以道，人臣无不重贵与富，恶死与咎[2]；阴示大尊，而微输重宝，收其豪杰；内积甚厚，而外为乏；阴纳智士使图其计，纳勇士使高其气；富贵甚足，而常有繁滋[3]；徒党已具，是谓塞之；有国而塞，安能有国？

“十二曰养其乱臣以迷之，进美女淫声以惑之，遗良犬马以劳之，时与大势以诱之。上察而与天下图之。

“十二节备，乃成武事[4]。所谓上察天，下察地，征已见(xiàn)[5]，乃伐之。”

［注释］

①塞：阻隔，这里指离间对方君臣关系，以阻塞其君主视听。

②咎：灾祸，祸患。

③繁滋：繁荣发展。

④武事：军事行动。

⑤见：同“现”，显现。

［译文］

西施、郑旦

西施、郑旦是春秋末期越国美人。当时越国称臣于吴国，越王勾践卧薪尝胆，图谋复国，把西施和郑旦献给吴王夫差，成为吴王最宠爱的妃子，把吴王迷惑得众叛亲离，无心于国事，后吴国终被勾践所灭。

“十是以谦卑的态度去侍奉敌国君臣，并取得他们的信任，从而打探他们的虚实，顺从对方的心意去做事，相处得像亲兄弟一样融洽。已经得到了敌国的情况，就可以秘密采取行动。等到时机到来，这个国家就像上天注定一样必定走向灭亡。

“十一是离间对方君臣关系，以阻塞其君主视听，大臣没有不希望高贵与富有的，没有不厌恶危险和灾祸的；我方暗中以尊贵的名位许诺对方，并且悄悄奉送贵重的宝物，收买敌国有地位有势力的人；我方内部积蓄非常丰厚，然而对外却要给人一种物资贫乏的样子；暗中结交才智之士来谋划战胜对方的计策，收纳勇猛之士来提高我方的士气；让他们享受富贵，同时再不断满足他们的需要；他们因此结成了派系，就会阻塞对方君主的视听；大臣进谏的言路被阻塞，这个国家还怎么能生存下去呢？

“十二是扶植敌国的奸佞之臣来迷惑君主的心智，进献美丽女子和放荡乐声来消弭君主的意志，赠送良犬骏马来使君主的身体疲劳，不时用虚假的形势分析使他受到诱惑，上天明察之后，再与天下人共同谋划攻取这个国家。

“这十二种方法如果全都能做到，就可以进一步采取军事行动，这就是人们所说的上观察天时，下观察地利，征兆已经很明显了，就可以举兵讨伐了。”

顺　启

题　解

“顺启”的意思就是，顺应天下者，天下启之。“武韬”有三篇提到“启”这个概念，即“发启”“文启”“顺启”，这里的“启”字都是开启的意思。对于治国者来说，如何使民众开启心扉迎接自己是最重要的。除此之外，《六韬》中还多次提到“天下者，非一人之天下”的观点，本篇也指出，君主如果不能以“大”“信”“仁”“恩”“权”治理国家，不能做到“事而不疑”，就不能“为天下政”。然后又通过“利”与“害”，“生”与“杀”，“彻”与“穷”，“安”与“危”的比较，再次强调“独夫民贼不可得天下”的观点。认为“唯有道者处之”。历史上穷天下之力，供自己一人享乐的统治者没有能得民心的，因激化天下矛盾而亡国身死的事例不胜枚举。

[原文]

文王问太公曰：“何如而可为天下？”太公曰：“大盖天下[1]，然后能容天下；信盖天下，然后能约[2]天下；仁盖天下，然后能

怀③天下；恩盖天下，然后能保天下；权盖天下，然后能不失天下；事而不疑，则天运不能移，时变④不能迁；此六者备，然后可以为天下政。故利天下者，天下启之；害天下者，天下闭之。生天下者，天下德之；杀天下者，天下贼之。彻⑤天下者，天下通之；穷天下者，天下仇之。安天下者，天下恃之；危天下者，天下灾之⑥。天下者，非一人之天下，惟有道者⑦处之。”

[注释]

①大盖天下：器量覆盖天下。

解网施仁

成汤为君宽厚仁慈。一次他外出到郊外的田野中，看见有人四面张着罗网捕鸟雀，觉得很残忍，就劝他们把三面网撤掉，只留一面。当时汉江以南的列国诸侯们听说了这件事，都称赞说："汤王的仁德可谓至尽了。他对鸟兽都如此仁义，更何况对人了。"于是，一下子便有三十六国同时归顺了成汤。这是以仁德服天下的极好例子。

②约：约束，控制。

③怀：胸怀，包容。

④时变：世道的变化。

⑤彻：通达，这里引申为顺应。

⑥灾之：以之为灾，把他当作灾害，意为像躲避灾害那样背弃他。

⑦有道者：按照正道治理天下的人。

[译文]

文王问太公说："怎么

才能治理好天下呢？”太公回答说：“器量覆盖天下，然后就能做到包容天下；诚信覆盖天下，然后就能做到约束天下；仁德覆盖天下，然后就能做到胸怀天下；恩泽覆盖天下，然后就能做到保有天下；权力覆盖天下，然后就能做到不失去天下；做事情能毫不犹豫，那么天命就不会改变，世道也不会更迁；做到这六个方面，然后就可以处理全天下的政务了。所以造福天下的，天下人就会拥戴他；为祸天下的，天下人就会拒绝他；养育天下的，天下人就会称颂他；残害天下的，天下人就会摧毁他；顺应天下的，天下人就会理解他；榨取天下的，天下人就会憎恨他；安定天下的，天下人就会依赖他；危害天下的，天下人就会背弃他。天下，并不是属于一个人的天下，只有按照正道治理天下的人才能长久居处君位。”

三　疑

题　解

“三疑”是本篇中周武王向太公望咨询的三个问题，即“攻强”“离亲”“散众”的策略。关于这三个问题，篇中首先以“攻强以强”“离亲以亲”“散众以众”简要作答。具体说来，就是根据敌人的情况制定具体的战略战术，首先通过政治、外交手段，以间谍战破坏敌国的内部团结，摧毁对方的斗志，助长其骄横之气，然后谨慎地运用谋略，利用财货收买敌国臣民，从而达到“攻强”“离亲”“散众”的战略目标。本篇分别阐述了“谋之道”和“攻之道”，对谋划的方略和攻伐的计策都做了详细的分析，仍属战前准备的范畴。

［原文］

武王问太公曰："予欲立功，有三疑，恐力不能攻强、离亲①、散众②，为之奈何？"太公曰："因之③，慎谋，用财。夫攻强必养之使强，益之使张④。太强必折，太张必缺⑤；攻强以强⑥，离亲以亲⑦，散众以众⑧。

［注释］

①离亲：离间对方的亲信。

②散众：分化瓦解对方的部众。

③因之：根据情况采取措施，即因势利导。

④张：张扬，嚣张，骄傲自满。

⑤缺：缺失，意为张扬而露出破绽。

⑥攻强以强：通过助长敌人的骄横消灭对方。

⑦离亲以亲：通过收买敌人的亲信离间对方。

⑧散众以众：通过争取敌人的部众瓦解对方。

［译文］

武王问太公说："我想建立功业，但是有三个疑问，担心我方的兵力不能打败敌人强大的军队、不能离间敌人的亲信、不能瓦解敌人的部众，应该怎么做呢？"太公说："这要视具体情况来采取措施，谨慎地谋划计策，适当地使用财力。攻打强大的敌人，一定要纵容他而使其骄横之气更加强盛，怂恿他而使其狂妄之气更加张扬。气势太强盛必定容易遭受挫折，气焰太嚣张必定容易露出破绽；通过助长敌人的骄横消灭对方，通过收买敌人的亲信离间对方，通过争取敌人的部众瓦解对方。

[原文]

“凡谋之道，周密为宝。设之以事，玩之以利，争心必起。欲离其亲，因其所爱，与其宠人，与之所欲，示之所利，因以疏之，无使得志；彼贪利甚喜，遗疑乃止。凡攻之道，必先塞其明，而后攻其强，毁其大①，除民之害；淫之②以色，啖(dàn)之以利，养之以味，娱之以乐。既离其亲，必使远民，勿使知谋，扶而纳之，莫觉其意，然后可成。惠施于民，必无忧财；民如牛马，数馁③食之，从而爱之。心以启智④，智以启财⑤，财以启众⑥，众以启贤；贤之有启，以王天下。”

马厩

图中刻画了马夫喂马的情景。古代君主认为百姓像牛马一样，精心喂养，就会跟随并爱戴主人。

[注释]

①大：国之大者，这里指

以军队为主的国家机器。

②淫之：使之淫，让他变得放荡。

③馁：喂养。

④心以启智：心灵可以启迪智慧。

⑤智以启财：智慧可以开启财源。

⑥财以启众：财源可以启发民众。

［译文］

“凡是谋划的方略，以周详严密最为重要。想方设法对付敌人，用利益引诱和玩弄敌人，这样他们内部的争斗之心必定兴起。想离间对方君主的亲信，就要根据他的喜好，通过他所宠信的大臣，赠给他想要的东西，许诺给他丰厚的财物，顺应情势疏远他们之间的关系，使他们不能达到安定团结的目的；他们因为贪图利益而沾沾自喜，就不会再怀疑我方的谋划了。凡是攻伐的计策，一定先要阻塞对方君主的视听，然后进攻他强大的军队，毁坏他的国家机器，为天下民众除去祸害；用女色使他变得放荡，用丰厚的利益满足他的贪欲，用美食填满他的肚子，用颓靡的音乐使他沉醉其中。已经离间了他的亲信大臣，就一定会让他远离民众，不要让他知道我方的计谋，这样引诱敌人落入我方的圈套，使其无法察觉，然后就可以战胜他们了。对百姓施以恩惠，一定不能吝惜财物；民众就像牛马一样，多次喂养他们，他们就会追随并爱戴主人。心灵可以启迪智慧，智慧可以开启财源，财源可以引导民众，民众可以产生贤才，选贤任能的大门一旦开启，就可以凭借这一点称王于天下了。”

龙韬

王翼

题解

“王翼”就是王者的羽翼，也就是辅佐帝王的得力之臣。本篇的观点就是“王者帅师，必有股肱羽翼，以成威神”，并借太公望之口阐述了股肱羽翼之臣的含义，介绍了军队统帅部的人员构成。本篇首先指出任命股肱羽翼之臣的办法，即“命在通达，不守一术，因能授职，各取所长”，接着以对应天道的象征意义介绍了“股肱羽翼七十二人”的组成，分为腹心、谋士、天文、地利、兵法、通粮、奋威、伏鼓旗、股肱、通材、权士、耳目、爪牙、羽翼、游士、术士、方士、法算等十八种人才，分别负责参谋、指挥、宣传、间谍、侦察、运输、后勤等方面的工作。本篇在古代军事理论的发展史上占有重要的地位，因为篇中比较系统地介绍了以将领为核心的参谋组织的构成情况，反映了战国末期的军事理论发展水平。

[原文]

武王问太公曰：“王者帅师，必有股肱①羽冀，以成威神，为之奈何？”太公曰：“凡举兵帅师，以将为命，命在通达，不守一

术；因能受职，各取所长，随时变化，以为纲纪。故将有股肱羽翼七十二人[2]，以应天道[3]。备数如法，审知命理，殊能异技，万事毕矣。”

武王曰：“请问其目？”太公曰：“腹心一人，主赞谋应卒[4]，揆天消变[5]，摠(zǒng)揽计谋[6]，保全民命。”

［注释］

①股肱：大腿和胳膊，比喻帝王左右的辅佐之臣。

②七十二人：象征七十二候。古代以五天为一候，三候为一节气，一年为二十四节气、七十二候。古人根据气候的变化制定历法，指导农事。

③天道：天象，自然运行的规律。

④卒：同“猝”，突然，这里指突发事件。

⑤揆天消变：通过测度天象来消除灾变。

⑥摠揽：全面掌握。摠，同“总”。

［译文］

武王问太公说：“君王率领军队出征作战，一定要有像股肱和羽翼这样重要的人在身边辅佐，以实现君主神机莫测的威势，怎么能办到呢？”太公回答说：“凡是出兵作战之事，都要把将领视为军队命运的主宰，他的命令在于通权达变，不拘泥于某一套方法；根据他们的才能授予官职，发挥他们各自的特长，随着时局的变化做出调整，把这种做法确立为一项制度。所以像股肱和羽翼这样重要的将领要达到七十二人，以此与天道对应。按照天道运行的法则备齐人数，深刻地认识到天命所属，发挥他们的特殊技艺，这样就万事俱备了。”

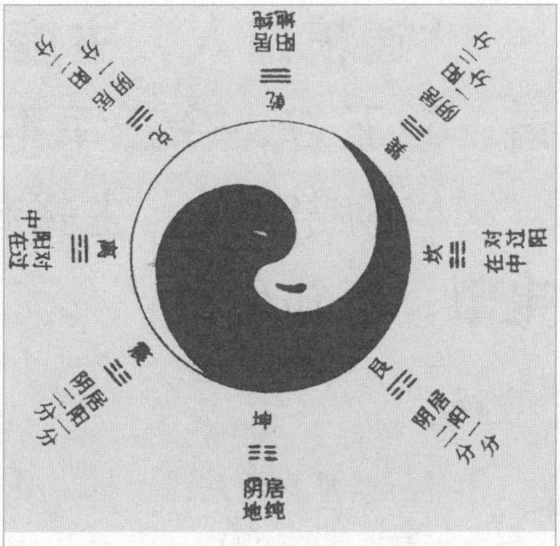

太极图

太极即为天地未开、混沌未分阴阳之前的状态。太极动而生阳，动极而静，静而生阴，静极复动。一动一静，互为根本，阐明了宇宙从无极而太极，以至万物化生的过程，是万物发展演变的法则。

武王又问道：“请问具体的措施是什么？”太公回答说：“参与机密的有一人，主要负责出谋划策来应对突然事件，测度天象来消除灾变，全面掌握大政方针来保护民众的生命。”

[原文]

“谋士五人，主图安危，虑未萌，论行能，明赏罚，授官位，决嫌疑，定可否。

“天文三人，主司星历[1]，候风气[2]，推时日，考符验[3]，校灾异，知天心去就之机。

“地利三人，主三军行止形势[4]，利害消息[5]；远近险易，水涸山阻，不失地利。

“兵法九人，主讲论异同，行事成败，简练兵器，刺举非法。

“通粮四人，主度饮食，备蓄积，通粮道，致五谷，令三军不困乏。

“奋威四人，主择材力，论(lún)兵革⑥，风驰电掣，不知所由。”

[注释]

①星历：星象历法。

②候风气：观测风向与节气的变化情况。

③考符验：考察祥瑞与人事是否符合应验。

④形势：地形山势，即地理状况。

⑤消息：消长，指形势变化。

⑥论兵革：挑选武器装备。论，同“抡”，选择。兵，兵器。革，皮革制成的铠甲。

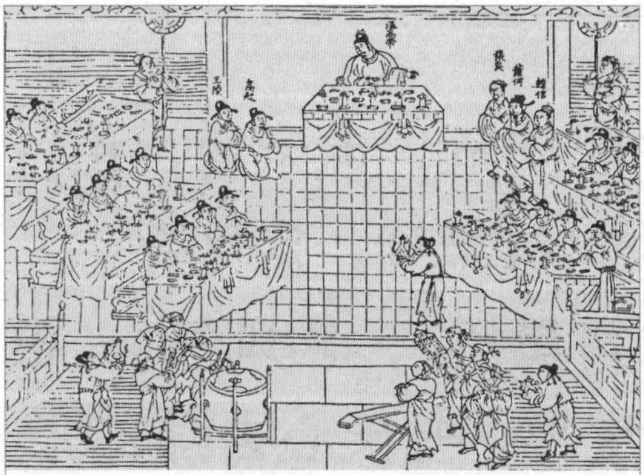

任用三杰

三杰即张良、萧何、韩信。张良精通谋略，能运筹帷幄，决胜千里；萧何精通管理，能镇守国家，安抚百姓，供给军饷，不至乏绝；韩信精通兵法，能统百万之兵，以战则必胜，以攻则必取。汉高祖任用这三位贤者，最终打败项羽，夺得天下。这就是正确任用人才而成功的例证。

[译文]

“出谋划策的有五人，主要负责谋划军队行动的安危，思虑消除没有萌发的祸患，评价人才的品行和能力，严格施行奖励和刑罚，安排官吏的职位，判决疑难问题，定夺事情是否可行。

“精通天文的有三人，主要负责观察星象历法，观测风向与节气的变化情况，

推断行动的吉凶日期，考察祥瑞与人事是否符合应验，比对灾异的变化情况，了解天下民众的人心所向。

“懂得地利的有三人，主要负责勘测行军宿营的地理状况，分析利弊的相互消长，打探路途的远近和地形的险阻平坦，察看水源的涸竭和高山的阻碍，使作战不失去地理优势。

“通晓兵法的有九人，主要负责讲解论述敌我双方战争形势的情况，分析研究作战成败的原因，演练各种武器装备，刺探举报军中不守军法的行为。

“管理粮草的有四人，主要负责计算饮食消耗，储备积蓄物资，疏通输送粮草的道路，筹集和运送粮食，使军队不出现困窘疲乏的状态。

“振奋威势的有四人，主要负责选拔贤能之才，挑选各种武器装备，做到发动进攻像风雷一样迅速和猛烈，使敌人无法得知我方的动向。”

［原文］

“伏旗鼓三人，主伏旗鼓，明耳目，诡符节[1]，谬号令，闇忽[2]往来，出入若神。

“股肱四人，主任重持难，修沟堑，治壁垒，以备守御。

“通材三人，主拾遗补过，应偶宾客[3]，论议谈语，消患解结。

“权士三人，主行奇谲[4]，设殊异[5]，非

人所识，行无穷之变。”

［注释］

①符节：古代传达命令或征调军队的信物，多以金玉竹木制成，上面刻有文字，分为两半，使用时合在一起以验证真伪。

②阖忽：忽然，突然，快。

③应偶：应酬接待。宾客：这里指使者。

④奇谲：奇谋诡诈。

⑤殊异：奇异的事物，突发事件。

［译文］

“执掌鼓旗的有三人，主要负责用战鼓和旗帜传达号令，明确使军队能够进退自如，使用假的兵符迷惑敌人，借助错的号令欺骗敌人，使军队能够进退自如，行动有如神助般变化莫测。

“贴身辅佐的有四人，主要负责处理重大事务，解决疑难问题，挖掘壕沟陷阱，修整营房堡垒，准备防御坚守的器具。

“学识渊博的有三人，主要负责查缺补漏，应酬接待外来的使者，品评他们的言论，从而消除隐患，解除疑团。

“善用权谋的有三人，主要负责策划奇谋诡诈之术，制造突发事件，让一般人难以识破，施行无穷无尽的权变。”

［原文］

“耳目七人，主往来听言视变，览四方之事、军中之情。

“爪牙①五人，主扬威武，激励三军，使

冒难攻锐，无所疑虑。

“羽翼四人，主扬名誉，震远方，摇动四境，以弱敌心。

“游士[2]八人，主伺奸候变，开阖[3]人情，观敌之意，以为间谍。

“术士[4]二人，主为谲诈，依托鬼神，以惑众心。

“方士[5]二人，主百药，以治金疮[6]，以痊万病。

“法算[7]二人，主计会三军营壁、粮食、财用出入。”

[注释]

①爪牙：原指动物的利爪和尖牙，这里用来比喻勇武之士。

②游士：四处游说之士，即纵横家。

③开阖：开合，又称“捭阖”，纵横家分化、拉拢的策略。

④术士：精通阴阳之术的人。

⑤方士：懂得医药之术的人。

⑥金疮：金属的锋刃造成的创伤。

⑦法算：善于算学的人。

[译文]

“外出侦察的有七人，主要负责打探敌人的言论，观察情势的

变化，收集各国的政务、军队的情况。

“勇武有力的有五人，主要负责鼓舞士气，激励军队奋勇杀敌，使将士甘愿冒险冲锋，心中毫无顾虑和迟疑。

“侍卫左右的有四人，主要负责宣传我方声威，使之震动远方，摇撼四周，从而达到削弱敌军士气的目的。

“四处游说的有八人，主要负责收买对方阵营中的奸邪之人，等待形势出现变化，掌握敌人的动态，从而达到离间敌人和刺探情报的目的。

“精通阴阳之术的有二人，主要负责以诡谲欺诈的手段，假托鬼神的启示，来扰乱敌国君臣民众的思想。

“懂得医药的有二人，主要负责制造各种药物，用来治疗战场负伤的将士，治愈一切疾病。

“管理财务的有二人，主要负责计算军队营寨壁垒、粮草饮食、财物使用的开销数目。”

论　将

题 解

“论将”即评价将领，因为将领作为战争的直接指挥者，其才能的高下直接影响着战争的走向。关于将领应该具备的品质，本篇提出的标准是“勇”“智”“仁”“信”“忠”五个方面。与此同时，篇中又指出了遴选将领时应该注意的十个问题，也就是“勇而轻死”“急而心速”“贪而好利”“仁而不忍人”“智而心怯”“信而喜信人”“廉洁而不爱人”“智而心缓”“刚毅而自用”“懦而喜任人”这十种人不可任用为将。

本篇最后指出："兵者，国之大事，存亡之道，命在于将。将者，国之辅，先王之所重也，故置将不可不察也。"这明显继承了《孙子·始计》中"兵者，国之大事，生死之地，存亡之道，不可不察也"的观点。

[原文]

武王问太公曰："论将之道奈何？"太公曰："将有五材[1]、十过[2]。"

武王曰："敢问其目。"太公曰："所谓五材者，勇、智、仁、信、忠也。勇则不可犯，智则不可乱，仁则爱人，信则不欺，忠则无贰心。所谓十过者，有勇而轻死者，有急而心速者，有贪而好利者，有仁而不忍人[3]者，有智而心怯者，有信而喜信人者，有廉洁而不爱人[4]者，有智而心缓者，有刚毅而自用[5]者，有懦而喜任人者。"

[注释]

①材：才能，这里指优秀的品质。

②过：缺点，这里指不良的品质。

③不忍人：不忍心伤害别人，这里指姑息纵容军中的违纪行为。

将帅之臣

李牧（？—前 228），战国末年赵国的大将。《史记》载：李牧驻守雁门，匈奴多次来犯，李牧都坚守不出。赵王闻讯大怒，将李牧贬为庶民，另派军队抗击匈奴，但赵军出战多次失利，边关告急。赵王不得不重新起用李牧。李牧重镇边关后仍坚守不出，但亦加紧训练士卒，积极备战。时机成熟后，李牧设计引诱匈奴前来，之后布下奇阵大破匈奴。为将者，胸中多谋略，就不会淆乱。

④廉洁而不爱人：洁身自好却刻薄待人。

⑤自用：自行其是，听不得他人的意见。

[译文]

武王问太公说："评价将领的方法是怎样的呢？"太公回答说："将领有五种优秀的品质、十种不良的品质。"

武王说："冒昧地请教一下详细的情况。"太公说："我所说的五种优秀的品质，指的是勇敢、智慧、仁德、诚信、忠贞。勇敢就不容易被侵犯，智慧就不容易被迷惑，仁德就会去关爱他人，诚信就不会去欺骗他人，忠贞就不会怀有异心。我所说的十种不良的品质，指的是具备勇气却轻易去送死，性情急躁而急于立功，秉性贪婪而喜好小利，本性仁慈而姑息纵容不法行为，拥有智慧却胆小怯懦，诚实守信却容易轻信别人，洁身自好却刻薄待人，拥有智慧而反应迟缓，性格刚强却听不得他人的意见，天性懦弱而喜欢依赖他人。"

[原文]

"勇而轻死者，可暴①也；急而心速者，

可久②也；贪而好利者，可遗也；仁而不忍人者，可劳也；智而心怯者，可窘③也；信而喜信人者，可诳④也；廉洁而不爱人者，可侮也；智而心缓者，可袭也；刚毅而自用者，可事⑤也；懦而喜任人者，可欺⑥也。故兵者，国之大事；存亡之道，命在于将。将者，国之辅，先王之所重也，故置将不可不察也。故曰：'兵不两胜，亦不两败。'兵出逾境，期不十日，不有亡国，必有破军杀将。"武王曰："善哉！"

［注释］

①暴：使之暴，即激怒。

②久：使之久，即以持久战拖垮他。

③窘：使之窘，即让他身处困境。

④诳：哄骗，迷惑。

⑤事：本义为事奉，这里指被利用。

⑥欺：欺侮，怠慢。

［译文］

"具备勇气却轻易送死的将领，容易被激怒；性情急躁而急于立功的将领，容易被持久战拖垮；秉性贪婪喜好小利的将领，容易被财货引诱；本性仁慈而姑息纵容不法行为的将领，容易被各

种纷繁的事务困扰；拥有智慧却胆小怯懦的将领，容易在身处困境时无计可施；诚实守信却容易轻信别人的将领，容易被谎话迷惑；洁身自好却刻薄待人的将领，容易在受人侮辱的情况下失去理智；拥有智慧而反应迟缓的将领，容易败在突然袭击下；性格刚强却听不得他人意见的将领，容易被利用；天性怯懦而喜欢依赖他人的将领，容易受人欺负。所以用兵之事，是国家的大事；生死存亡的关键，完全在于将领。将领，作为君主的得力助手，是古代圣王一向倚重的人，因此任命将帅不能不认真考察。所以说：‘征伐之事没有两方都获胜的情况，也没有两方都失败的情况。’大军越出了国境，不到十天时间，不是遭到攻伐的国家灭亡，就是主动进攻的军队被击败，将领被杀掉。”武王说：“您的话真是太好了！”

选　将

题　解

“选将”就是选拔将领，这是军队人事工作的重点。然而选将并非易事，仅看外表是不够的，因为人们往往为了达到某种目的而隐藏内心的真情实感，所以不是都表里如一的。只有通过深入而系统的考察与分析，才能做到识别人才的优劣，因此能否担当领兵作战的重任就成了选将的最重要标准。本篇介绍了选将的方法，阐述了人事任免过程中应该注意的常见问题。篇中首先指出人们表里不一的十五种情况，既包括华而不实者，又包括被褐怀玉者，因此选将者如果以貌取人，不是错用了庸人，就是埋没了贤才。选人用人是一门学

问，所以“非有大明不见其际”，必须通过实践来考察和识别人才。本篇在最后提出通过“八征”来考察人才是否表里如一，如果在“辞”“变”“诚”“德”“廉”“贞”“勇”“态”等方面都有不错的表现，那么基本可以断定他是个贤能之士，否则就是“不肖”之人。

[原文]

武王问太公曰：“王者举兵，欲简练英雄，知士之高下，为之奈何？”

太公曰：“夫士外貌不与中情①相应者十五：有贤而不肖者，有温良而为盗者，有貌恭敬而心慢者，有外廉谨而内无至诚者，有精精②而无情者，有湛湛③而无诚者，有发好谋而不决者，有如果敢而不能者，有悾(kōng)悾④而不信者，有恍恍惚惚⑤而反忠实者，有诡激⑥而有攻效者，有外勇而内怯者，有肃肃⑦而反易人者，有嗃(hè)嗃而反静悫(què)⑧者，有势虚形劣而外出无所不至无所不遂者。天下所贱，圣人所贵；凡人莫知，非有大明不见其际。此士之外貌不与中情相应者也。”

登坛拜将

韩信（？一前196），字重言，淮阴（今江苏淮安）人，西汉开国功臣。初投项羽不受重用，于是转投刘邦，刘邦开始并没有觉得他特别，后来在萧何的极力推荐下，刘邦才举办了隆重的仪式，正式任命韩信为大将军。韩信在楚汉争霸过程中，为刘邦的大汉立下大功。可见，知人、识人是很重要的一门学问。

［注释］

①中情：内心的真实想法。

②精精：精明能干。

③湛湛：敦厚的样子。

④悾悾：诚恳的样子。

⑤恍恍惚惚：迷离，心思难以捉摸。

⑥诡激：怪异而偏激。

⑦肃肃：严肃的样子。

⑧嗃嗃：严厉的样子。悫：诚实，谨慎。

［译文］

武王问太公说："君主举兵，想选拔豪杰之士，怎么才能掌握他们才能的高下呢？"

太公回答说："士人的外在表现与内心情感不相符的有十五种情况：有外表端庄谨慎而实际上才德具失的，有外表温和善良而实际上却当了盗贼的，有外表恭顺有礼而行事怠慢的，有外表廉洁谦谨而实际上并不真诚的，有外表精明能干而实际上并没有真才实学的，有外表敦厚淳朴而实际上不讲诚信的，有看似喜好权谋而实际上优柔寡断的，有看似果断勇敢而实际上无所作为的，有外表诚恳真挚而实际上不守信用的，有看似难以捉摸而实际上忠实可靠的，有看似怪异偏激而实际上办事得力的，有外表勇武有力而实际上怯懦虚弱的，有外表严肃认真而实际上平易近人的，有外表严厉刻薄而实际上办事沉静诚实的，有外形孱弱丑陋而实际上游历四方无所不至且做事无所不成的。天下人鄙视的，有可能是圣人器重的；普通人是不能明白的，若非具备高明的远见是无法明了其间的区别的。这就是士人的外在表现与内心情感不相符的具体情况。”

［原文］

武王曰：“何以知之？”

太公曰：“知之有八征[1]：一曰问之以言，以观其辞；二曰穷之以辞，以观其变；三曰与之间谍，以观其诚；四曰明白显问，以观其德；五曰使之以财，以观其廉；六曰试之以色，以观其贞[2]；七曰告之以难[3]，以观其勇；八曰醉之以酒，以观其态。八征皆备，则贤不肖别矣。”

［注释］

①征：征兆，这里指验证的方法。

②贞：道德操守。

③难：灾难，祸患。

［译文］

武王又问：“怎么样才能知道这些真实情况呢？”

太公回答说：“了解真实情况有八种验证的方法：一是用向他

提出问题的方法，来考察他言辞的水平；二是详细追问，来考察他的应变能力；三是在他身边安插耳目，来考察他是否诚实；四是明知故问，来考察他的德行；五是让他打理财务，来考察他是否廉洁；六是用女色进行试探，来考察他是否坚持操守；七是安排他做最困难的工作，来考察他是否勇敢；八是用酒把他灌醉，来考察他酒后是否失态。经过以上八种方法的考验，贤能与否就很容易区分了。"

立　将

题　解

"立将"就是任命将领，也指任命将领的程序。古时候君主借登坛拜将的礼仪，以表示对将领的尊重。本篇再次强调了"将在外，君命有所不受"的思想，提出了"军不可从中御"和"军中之事，不闻君命，皆由将出"的观点，主张给予将领以充分的信任和独立指挥的权力，这也是作战指挥的一条重要原则。如果君主在后方遥控在前线作战的军队，从中干预掣肘，对将领采取不信任的态度，必然导致指挥机动性的下降，从而影响前线将领计划的实施。本篇介绍了先秦时期君主任命将领的仪式，这种仪式表现出君主对将领的重视与信任。"社稷安危，一在将军"反映出将领地位的重要，"从此上至天者，将军制之"和"从此下至渊者，将军制之"反映出君主对将领的信任。只有用人不疑，前方的将领才会专心指挥作战，这样才能成就君主的功业，即"战胜于外，功立于内"。

［原文］

武王问太公曰："立将之道奈何？"

太公曰："凡国有难，君避正殿[1]，召将而诏之曰：'社稷安危，一在将军，今某国不臣，愿将军帅师应之。'将既受命，乃命太史卜，斋三日，之太庙，钻灵龟[2]，卜吉日，以授斧钺（yuè）[3]。君入庙门，西面而立；将入庙门，北面而立。君亲操钺持首，授将其柄曰：'从此上至天者，将军制之。'复操斧持柄，授将其刃曰：'从此下至渊者，将军制之。见其虚则进，见其实则止。勿以三军为众而轻敌，勿以受命为重而必死，勿以身贵而贱人，勿以独见而违众，勿以辩说为必然。士未坐勿坐，士未食勿食，寒暑必同。如此，则士众必尽死力。'将已受命，拜而报君曰：'臣闻国不可从外治，军不可从中御；贰心不可以事君，疑志[4]不可以应敌。臣既受命专斧钺之威，臣不敢生还。愿君亦垂一言之命于臣。君不许臣，臣不敢将[5]；君许之，乃辞而行。'"

占卜

在商周时每遇重大事情，总要求神问卜，以决定吉凶。

［注释］

①避正殿：古代国家遭逢灾难，帝王避离正殿，以示自我贬责。

②钻灵龟：以龟甲占卜。古代占卜时以烧红的小铜棍在龟甲或兽骨上钻孔，然后放在火上烧灼，观察孔洞周围裂痕的走向，以预测吉凶祸福。

③斧钺：兵器名，用于刑罚和杀戮，是军权的象征。钺，形似斧，比斧大，后来发展为一种仪仗器具。

④疑志：心存疑虑，犹豫不决。

⑤将：这里作动词，意为担任将军、统领军队。

［译文］

武王问太公说："任命将领的方法是怎样的呢？"

太公回答说："国家有危难的时候，君主应该避离正殿，然后召见准备任命的将领，向他颁布诏书说：'国家的安危存亡，全系于将军一身了。现在某国不愿意称臣归服而犯上作乱，希望将军率领军队前去应战。'将领已经接受任命，君主就命令太史占卜，先斋戒三天，来到太庙，用火烧灼龟甲，卜问适合出征的日期，以便向将领授予斧钺。到了吉日，君主先入太庙正门，面向西方站立；将领随后跟着走进太庙正门，面向北方站立。这时君主亲自捧着钺首，把钺柄交给将领说：'从今天起上至苍天，一切军务都由将军裁决。'然后君主又捧着斧柄，把斧刃交给将领说：'从

今天起下至深渊，一切军务都由将军裁决。看见敌人的漏洞就发动进攻，发现敌人兵力充足就停止，不要认为军队人数众多就轻视敌人，不要认为自己的责任重大就以死相拼，不要认为自己身份尊贵就蔑视他人，不要凭着一己之见而违背众人的意愿，不要认为能言善辩者的话就是正确的。战士没有坐下将军就不能先坐，战士没有吃饭将军就不能先吃，无论严寒酷暑都要与部下同甘共苦。像这样的话，战士们一定能拼死效力。’将领已经接受任命，向君主跪拜说：‘我听说国家不能由在外庭任职的百官来治理，军队不能由身在中央的君主来遥控。心怀不忠的人不能让他事奉君主，心存疑虑的人不能让他迎敌应战。我已经接受任命，专掌统兵之权，我决不敢活着回来。希望君上也能授予我全权指挥的权力。君上如果不答应我的请求，我就不敢带兵出征；君主若答应我的请求，那么臣就立刻辞君出征。’”

［原文］

“军中之事，不闻君命，皆由将出，临敌决战，无有贰心①。若此，则无天于上，无地于下，无敌于前，无君于后。是故智者为之谋，勇者为之斗，气厉青云，疾若驰骛②，兵不接刃，而敌降服。战胜于外，功立于内，吏迁③士赏，百姓欢悦，将无咎殃④。是故风雨时节，五谷丰熟，社稷安宁。”武王曰：“善哉！”

奔马

士气高昂的军队打起仗来，行动会像骏马飞驰般迅速、敏捷。

[注释]

①无有贰心：这里指做事专注于一心，没有任何顾虑。

②驰骛：奔驰的骏马。

③迁：官职的调动，一般指晋升。

④咎殃：灾祸，这里指带兵出征的将领没有灾祸，得胜而归。

[译文]

“军队中的事务，不听君主的诏令，只听将领的命令，在战场上与敌人展开决战，心中毫无顾虑。像这样的话，将领就上不受天时的制约，下不受地势的羁绊，前没有敌人敢抵抗，后没有君主来操控。所以智慧之士愿意为将领出谋划策，勇敢的人愿意为将领殊死搏杀，军队的士气如同青云直上，行动如同骏马奔驰，双方还没有开始交锋，敌人就已经闻风而降了。军队在外赢得战争的胜利，君主在内建立卓越的功勋，官吏得到升迁，战士得到赏赐，百姓欢天喜地，将领得胜而归。因此风调雨顺，五谷丰登，国家安定。”武王说：“真是太好了！”

将威

题解

“将威”讨论的是树立将领威信的问题，其中的关键在

于赏罚严明。令行禁止离不开严明的军纪，这需要通过奖赏与惩罚两种手段来保障。赏罚的原则是公正严明，所以本篇提出了“刑上极，赏下通”的观点，即使是当权的重臣有罪也必须诛杀，即使是养马的仆役立功也必须奖赏。赏无所谓厚与薄，罚无所谓轻与重，只要做到公平，领导人的威信就可以树立。孔子说：“其身正，不令而行；其身不正，虽令不从。”将领自身端正，即使不下令士兵也会奋勇冲锋，反之则难以实现令行禁止。从本篇看来，能否做到赏罚严明是衡量一个将领是否身正的重要标准。

[原文]

武王问太公曰：“将何以为威？何以为明？何以为禁止而令行？”太公曰：“将以诛大[1]为威，以赏小[2]为明，以罚审[3]为禁止而令行。故杀一人而三军震者，杀之；赏一人而万人悦者，赏之。杀贵大，赏贵小。杀及当路[4]贵重之臣，是刑上极[5]也；赏及牛竖马洗厩养[6]之徒，是赏下通[7]也。刑上极，赏下通，是将威之所行也。”

[注释]

①诛大：诛杀地位尊贵的人。

②赏小：奖赏地位卑贱的人。

③审：慎重，这里指处罚恰当。

④当路：即“当道”，指执政、掌权。

⑤刑上极：刑罚向上达于最高层。

⑥牛竖：放牛的童仆。马洗：马前引导之人。厩养：饲养牲畜的人。

⑦赏下通：奖赏向下通于最底层。

[译文]

武王问太公说：“将领通过什么手段来树立威信呢？凭借什么方法来彰显英明呢？采取什么措施做到令行禁止呢？”太公回答说：“将通过诛杀地位尊贵之人的手段来树立威信，凭借奖赏地位卑贱之人的方法来彰显英明，采取赏罚严明的措施来做到令行禁止。所以杀一个人就能震慑整个军队，就必须要杀；奖赏一个人就能激励整个军队，就必须要赏。诛杀要首选那些大人物，奖赏要首选那些小人物。诛杀而不宽恕执掌大权的朝中重臣，这表明刑罚向上能达于最高层；奖赏不遗漏牧牛、牵马、喂牲口的奴仆，这表明奖赏向下能通于最底层。刑罚达于上层，奖赏通于下层，这样将领的威信就可以确立了。”

励　军

题　解

“励军”就是鼓舞军队的士气，这是保证战斗力的重要措施，因此每个将领都非常重视这一问题。本篇从“礼”“力”“止欲”三个方面阐述了将领鼓舞士气的方法，其核心思想就是以身作则。“礼”就是礼贤下士，做到与士卒共寒暑；“力”就是身体力行，做到与士卒共劳苦；“止欲”就是克制私欲，做到与士卒共饥饱。只要将领以身作则，士兵就会“闻鼓声则喜，闻金声则怒”，争先恐后地冲锋陷阵。战国时期的军事家吴起曾为一个士兵吮吸伤口的瘀血，后来那个士兵果然以死报效，这就是对“励军”所做的最佳诠释。

[原文]

武王问太公曰：“吾欲令三军之众，攻城争先登，野战争先赴，闻金声而怒①，闻鼓声而喜，为之奈何？”

太公曰：“将有三。”

武王曰：“敢问其目。”

太公曰：“将冬不服裘，夏不操扇，雨不张盖，名曰礼将；将不身服②礼，无以知士卒之寒暑。出隘塞，犯泥涂，将必先下步，名曰力将；将不身服力，无以知士卒之劳苦。军皆定次③，将乃就舍④。炊者皆熟，将乃就食。军不举火⑤，将亦不举，名曰止欲将；将不身服止欲，无以知士卒之饥饱。将与士卒共寒暑、劳苦、饥饱，故三军之众，

闻鼓声则喜，闻金声则怒。高城深池[6]，矢石繁下，士争先登；白刃始合[7]，士争先赴。士非好死而乐伤也，为其将知寒暑、饥饱之审，而见劳苦之明也。”

［注释］

①闻金声而怒：金声为金属响器，用于发号命令，作战时鸣金表示停业或后退。听到鸣金收兵而感到愤怒，形容将士斗志昂扬，不愿退却。

②身服：亲身执行。

③定次：驻扎宿营。

④就舍：进屋休息。

⑤举火：生火做饭。

⑥池：护城河。

⑦合：合战，交战。

仁言动众

做将领的，能够了解士卒寒暑饥饱的详细情况，士卒才愿尽死力相报效。楚王率军攻打萧国，当时正值冬天，击溃萧国军队后，楚王冒着严寒亲巡三军，抚慰将士：“你们为国作战，多么辛苦啊！”三军将士深受鼓舞，全身像披上了棉絮一样温暖。

［译文］

武王问太公说：“我想命令全军的士兵，在攻城的时候争先恐后地攀登，在野战的时候奋不顾身地冲锋，听见鸣金撤退就感到愤怒，听见击鼓前进就感到欢喜，应该怎么做呢？”

太公回答说：“将领有三点制胜之道。”

武王说："冒昧地问一下其中的详细情况。"

太公说："作为将领，隆冬时节不穿裘皮，盛夏时分不摇扇子，阴雨天气不撑伞盖，这就是礼贤下士的将领；将领不能亲自做到亲身执行，就不知道士兵的冷暖。经过地势险峻的关隘和要塞，在泥泞的道路上行进的时候，将领一定要下车步行，这就是身体力行的将领；将领不能亲自做到身体力行，就不知道士兵的劳苦。全军都已驻扎完毕，将领才能休息；士兵的饭菜都做熟了，将领才能吃饭；军队没有开始做饭，将领也不能先生火，这就是能够克制私欲的将领；将领不能克制自己的私欲，就不知道士兵的饥饱。将领能与士兵共寒暑、共劳苦、共饥饱，所以全军都能做到听见击鼓前进而感到欢喜，听到鸣金撤退而感到愤怒。攻打防御坚固的城池时，即使箭石如雨，士兵也能争先恐后地攀登；在野外短兵相接时，士兵就会奋不顾身地冲锋。士兵并不是喜欢送死和愿意负伤，而是因为他们的将领能够了解部下寒暑、饥饱的情况，并且能体察部下劳苦的缘故。"

阴　符

题　解

"阴符"即秘密使用的兵符，作为君主授予将领兵权的凭证，在古代战争中起着关键的作用，因此很多兵书以此命名，如《太公阴符》《本经阴符》《黄帝阴符》等。兵符通常一分为二，君主和将领各执一半，使用时两半相合为验，大多以铜铸为虎形，因此又称"虎符"。有的符铸造为竹节形，称"符节"。兵符的使用有两方面意义：一是反映了君主中央集权加强的倾向，因为这样就可以制约统兵将领的权力；二是反映了君主仍在一定程度上对将领予以信任，因为授予兵符后就表示将兵权交给了将领。如果两部分兵符不能相合，任何人都不得擅自调动军队。本篇揭示了阴符的作用，即“引兵深入诸侯之地，三军卒有缓急，或利或害，吾将以近通远，从中应外，以给三军之用”。由此可见，在通信条件不发达的时代，秘密使用兵符是一种极为重要的信息传递手段。篇中介绍了八种阴符的不同形制和意义，反映了当时军事通信技术的发展水平。鉴于阴符的非凡意义，因此在使用时切忌泄密，“若符事泄，闻者告者皆诛之”。

[原文]

武王问太公曰：“引兵深入诸侯之地，三军卒有缓急，或利或害，吾将以近通远，从中应外，以给三军之用，为之奈何？”

太公曰：“主与将有阴符[1]，凡八等：有大胜克敌之符，长一尺；破军擒将之符，长九寸；降城得邑之符，长八寸；却敌报远之符，长七寸；誓众坚守之符，长六寸；请粮益兵之符，长五寸；败军亡将之符，长四寸；失利亡士之符，长三寸。诸奉使[2]行符，稽留[3]若符事闻，泄者告者皆诛之。

八符者，主将秘闻，所以阴通、言语不泄、中外相知之术，敌虽圣智，莫之能识。”武王曰：“善哉！”

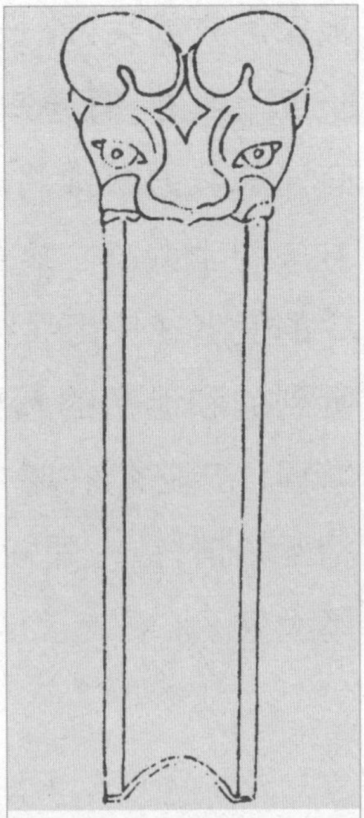

汉虎符

汉代虎符与战国、秦时的虎符都是可一分为二，用来通报消息的，在作战中战况消息的保密与内外相通是十分重要的，虎符在实战中的运用是战争信息化的开始。

[注释]

①阴符：古代军中的一种秘密通信工具。由于通信需要保密，因此称“阴符”。符以金玉竹木等材料制成，上面刻有文字或花纹，通常一分为二，以纹饰或尺寸长短作为秘密通信的符号。

②奉使：奉命出使，这里指使者持君主兵符向将领传达命令。

③稽留：停留、耽误，这里指受命携符的使者延误了战机。

[译文]

武王问太公说：“率领军队深入到各国的腹地去作战，军情有轻重缓急，将士或遇到有利的情况或遇到有害的情况，我想要使近处的军队得以与远处的军队相通，内外接应，保持密切联系，来满足全军行动的需要，应该怎么办呢？”

太公回答说：“君主和将领手中掌握着秘密使用的兵符，一共分为八种：有通知大获全胜制服敌人之事的兵符，长度为一尺；有通知击破敌军擒获敌将之事的兵符，长度为九寸；有通知夺取城池攻占都邑之事的兵符，长度为八寸；有退却强敌后用来

报知远方的兵符，长度为七寸；有用来警告部众加强防守的兵符，长度为六寸；有通知请调粮草补充兵力之事的兵符，长度为五寸；有通知我方战败将领阵亡之事的兵符，长度为四寸；有通知我方失利士兵阵亡之事的兵符，长度为三寸。各位向将领传达命令的使者在使用兵符的时候，如果有人贻误战机，泄露军事机密，听到的和泄密的都要处死。这八种兵符，君主和将领只能秘密掌握，用它们在暗中联络，情报不泄露于外，中央和前线能够相互知情，敌人即使具备圣贤的智慧，也不能识破。”武王说：“真是太好了！”

阴　书

题 解

“阴书”即秘密使用的书信，是古代秘密通信的另一种方法，能够传达比阴符更具体的信息。本篇简单概括了阴书的特点，那就是“一合而再离”和“三发而一知”，即把书信一分为三，分别由三个人递送，只有将三部分合在一起才能知道书信的准确内容，以此起到保密的作用。然而这种方法仍然有较大的局限性，如果某一份书信被敌军截获，虽然不至于使情报泄露，但是也难以达到传递信息的目的。此外，书信的隐语被敌军破译，后果更是不堪设想。尽管如此，篇中提出的情报保密思想仍然是非常宝贵的。本篇介绍了阴书的作用，也就是在“主将欲合兵，行无穷之变，图不测之利，其事烦多，符不能明”的情况下，使用阴书可以传达更准确的信息。

［原文］

武王问太公曰："引兵深入诸侯之地，主将欲合兵[①]，行无穷之变，图不测之利，其事烦多，符不能明，相去辽远，言语不通，为之奈何？"

太公曰："诸有阴事大虑，当用书，不用符。主以书遗将，将以书问主，书皆一合而再离，三发而一知。再离者，分书为三部；三发而一知者，言三人人操一分，相参[②]而不相知情也。此谓阴书，敌虽圣智，莫之能识。"武王曰："善哉！"

［注释］

①合兵：集中兵力。

②相参：相互验证。

［译文］

武王问太公说："率领军队深入到各国的腹地去作战，君主与将领想集中兵力，出人意料地变化战术，谋取难以预计的利益，然而其中的事情复杂繁多，阴符不能明确传达旨意，中央与前线又相距遥远，情报不能通畅地传达，应该怎么办呢？"

太公回答说："这些重大的机密之事，应该使用书信沟通，不能使用符节。君主用书信将指示交给将领，将领也用书信向君主请示，每封书信都按照‘一合而再离’的方法递送，再按照‘三发而一知’的方法来参验。‘再离’，就是把书信分为三份；‘三发而一知’，就是把书信发给三个人而每人各持一份，他们只知道其中一部分内容，只有合起来相互验证才能知道书信的真实内容。这叫作阴书，敌人即使具备圣贤的智慧，也不能识破。”武王说：“说得太好了！”

军　势

题　解

“军势”意为军队的威势，是战胜对手的关键。本篇重点论述了攻伐之道，继承了孙子“先胜”的主张。《孙子·军形》中说：“胜兵先胜而后求战，败兵先战而后求胜。”本篇“夫先胜者，先见弱于敌而后战者也，故事半而功倍焉”的观点正是由此而提出的。除此之外，“用兵之害，犹豫最大；三军之灾，莫过狐疑”的说法则出自《吴子·治兵》，这也是历代兵家极为重视的观点。本篇强调，将领在指挥作战的时候，要根据形势的变化沉着果断地做出决策，否则将坐失良机，“反受其殃”。《国语·越语》记载范蠡的话说“得时无怠，时不再来；天与不取，反为人灾”，说的就是这个道理。由此可见，犹豫不决是兵家大忌。篇中融合了先秦各家思想的精华，以道家顺应自然的主张为核心，分别阐述了因情用兵、未战先胜、知己知彼、出其不意、当机立断、兵贵神速等作战指挥原则。

[原文]

武王问太公曰："攻伐之道奈何？"

太公曰："势因敌家之动，变生于两阵之间，奇正[1]发于无穷之源。故至事不语，用兵不言。且事之至者，其言不足听也；兵之用者，其状不足见也。倏[2]而往，忽而来，能独专而不制者，兵也。夫兵闻则议，见则图，知则困，辨则危。故善战者不待张军[3]，善除患者理于未生[4]，善胜敌者胜于无形，上战无与战。故争胜于白刃之前者，非良将也；设备于已失之后者，非上圣也；智与众同，非国师[5]也；技与众同，非国工[6]也。事莫大于必克，用莫大于玄默[7]，动莫神于不意，谋莫善于不识。"

武侯预伏锦囊计

诸葛亮死后魏延反叛，杨义打开诸葛亮临终锦囊，依计让魏延大叫，早就埋伏在魏延左右的马岱立刻从背后将魏延斩首，原来马岱得到诸葛亮密嘱，等到魏延大叫时就将他出其不意地斩首。诸葛亮神机妙算，先机过人，是以锦囊遗计，成功马前。

[注释]

①奇正：军事术语，侧翼掩袭为奇，正面进攻为正，泛指战术。

②倏：忽然。

③张军：展开军队的阵势。

④理于未生：趁祸患没有萌发及时处理，即防患于未然。

⑤国师：一国之中足智多谋的军师。

⑥国工：一国之中技艺高超的工匠。

⑦玄默：沉默不语，这里指保守机密，不暴露自己的战略企图。

[译文]

武王问太公说："进攻征伐的方法是怎样的呢？"

太公回答说："形势根据敌人的行动而变化，权谋产生在两军对阵之时，战术萌发于将领的无穷智慧。所以处理最关键的事情时不能轻易开口，调动军队出征打仗的时候不能公开宣布。而且最关键的事情，即使有人开口评论也不能完全认同；调动军队出征打仗，即使看到了战场上的表面状况也不能完全相信。忽来忽往，捉摸不定，能独断专行而不受任何制约，这才是真正的用兵之道。敌人听说了我方的情况，一定会商议对策；敌人了解了我方的形势，一定会图谋算计；敌人得知了我方的行动，一定会围困我方；敌人摸清了我方的虚实，一定会使我方陷入危险的境地。所以善于领兵作战的，不等对方列好阵势就发动进攻；善于排除隐患的，能够趁问题没有出现就及时处理；善于克敌制胜的，能够在形势不明朗的情况下取得胜利；最高境界的战斗，就是不与敌人交战便可取胜。因此与敌人短兵相接而取胜的，不是优秀的将领；在出事之后严加防备的，不是上等的圣贤；智慧与普通人

相同的，不能称之为国师；技艺与普通人相同的，不能称之为国工。征伐的事情没有比克敌制胜更重要的，用兵的关键没有比保守机密更重要的，行动的要领没有比出其不意更绝妙的，战略的谋划没有比不让敌人识破更好的。

［原文］

“夫先胜者，先见弱于敌而后战者也，故事半而功倍焉。圣人征于天地之动，孰知其纪[1]，循阴阳之道而从其候[2]，当天地盈缩[3]因以为常。物有死生，因天地之形。故曰：‘未见形而战，虽众必败。’善战者居之不挠，见胜则起，不胜则止。故曰：‘无恐惧，无犹豫；用兵之害，犹豫最大；三军之灾，莫过狐疑。’善战者见利不失，遇时不疑，失利后时，反受其殃。故智者从之而不释，巧者一决而不犹豫，是以迅雷不及掩耳，迅电不及瞑目。赴之若惊，用之若狂，当之者破，近之者亡，孰能御之？夫将有所不言而守[4]者，神也；有所不见而视者，明也。故知神明之道者，野无横敌[5]，对无立国[6]。”

武王曰:“善哉！”

[注释]

①征：征兆，这里作动词，意为发觉征兆。孰：通“熟”，仔细，周详。纪：纲纪，法则。

②从其候：顺应节候的变化。

③天地盈缩：指大自然的盛衰变化。

④守：保守，这里指保守心中的谋略，即成竹在胸。

⑤横敌：强横的敌人。

⑥对无立国：与自己敌对的国家没有能保全的。

草船借箭

《三国演义》中周瑜提出让诸葛亮在十日之内赶制十万支箭的要求，诸葛亮说只用三天。他借助凌晨江面大雾，用草船向曹操借箭。曹操不辨虚实，不敢出战，只能射箭防御，结果诸葛计谋顺利完成。自古兵家重虚实，贵先知，诸葛亮深得其理，故能成竹在胸。

[译文]

“先胜一筹的计策，是率先向对方示弱，然后发动进攻的谋略，所以这样做能收到事半功倍的效果。圣人发现天地运行的征兆顺从节候的变化，遵循阴阳变化的规律而顺应其中的形势，面对大自然的盛衰更迭而确立行动的原则。世间万物有生老病死，全都根据天地的运行而变化。所以说：‘没有看清形势就开战，即使兵力众多也一定会失败。’善于用兵的人，稳坐军中不受外界干扰，看到有取胜的把握就出兵，没有获胜的可能就停止。所以说：‘没有恐惧，没有犹豫；用兵的要害，以犹豫为最大；军队的灾难，没有比得上迟疑的了。’善于用兵的人，见到利益决不放过，遇到时机决不犹疑，失去利益延误时机，反而要遭受灾祸。所以智慧的人抓住战机决不放手，灵巧的人一经决断就毫不犹豫，因此行动像雷霆一样让人来不及捂住耳朵，像闪电一样让人来不及闭上眼睛。前进时有如受惊，作战时有如发狂，阻挡的被击破，近前的被消灭，哪个能抵挡得住呢？将领一言不发却成竹在胸的，就是用兵如神；没有亲眼所见却能洞悉一切的，就是明察秋毫。所以掌握这种神妙明察之道的将领，在战场上没有强横的敌人，敌对阵营中也没有能够保全的国家。”

武王说：“说得太好了！”

奇　兵

题　解

“奇兵”就是趁敌人不注意发起突袭的军队，这里说的是用兵出奇制胜的策略。正如《孙子·兵势》所说的“反战者，以正合，以奇胜”，灵活机动与随机应变是指挥作战的一项重要原则。本篇再次强调将领的重要性，认为在遴选将领时，“不知战攻之策，不可以语敌；不能分移，不可以语奇；不通治乱，不可以语变”，并把将领视为“人之司命”。篇中首先以“神势”作为战争胜负的关键，如果这种神妙莫测的有利态势被本方所用，则可以战胜敌人，否则注定要失败，即“得之者昌，失之者亡”。本篇又借太公之口列举了

用奇兵造神势的二十六种方法，涉及作战、行军、侦察等多个方面。最后论述了将领应具备“仁”“勇”“智”“明”“精微”“常戒”“强力”七种素质，指出了“得贤将者兵强国昌，不得贤将者兵弱国亡”的道理。

[原文]

武王问太公曰:“凡用兵之道，大要何如？”

太公曰:“古之善战者，非能战于天上，非能战于地下，其成与败皆由神势①，得之者昌，失之者亡。夫两阵之间，出甲陈兵②、纵卒乱行者，所以为变也；深草蓊翳(wěng yì)③者，所以逃遁也；溪谷险阻者，所以止车御骑也；隘塞山林者，所以以少击众也；坳泽窈冥④者，所以匿其形也；清明无隐者，所以战勇力也；疾如流矢如发机⑤者，所以破精微也；诡伏设奇，远张诳诱者，所以破军擒将也；四分五裂者，所以击圆破方也。”

[注释]

①神势：神妙的态势。

②出甲：丢盔弃甲。陈兵：原指布置军队，这里指放下武器。

③蓊翳：草木茂盛。

④坳泽：低洼潮湿之处。窈冥：幽暗。

⑤发机：拨动弩弓的扳机。

［译文］

武王问太公道："大凡用兵作战的方法，最根本的要点是什么呢？"

太公回答说："古时候善于作战的人，并不是能在天上打仗，也不是能在地下打仗，他们的成功与失败，全都在于用兵能否形成神妙的态势，所以能得到这一态势的就能昌盛，失掉这一态势的就会灭亡。在两军对阵的战场上，丢盔弃甲四散奔逃、纵容兵士胡作非为的，是在用这种方法实施诡辩之计；在草木茂密的地方用兵的，是在用这种方法为逃跑作准备；占据溪水山谷等险要之地的，是在用这种方法阻挡敌人的战车和抵御敌人的骑兵；将部队驻扎在险隘关塞和丛山密林之中的，是在用这种方法为以少胜多创造条件；埋伏在低洼幽暗之处的，是在用这种方法隐蔽本方的行动；在开阔平坦毫无隐蔽之地布阵的，是在用这种方法与敌人较量勇气和实力；行军如同离弦之箭、进攻如同拨动弩机的，是在用这种方法打破敌人的精密策划；用诡异之计设下伏兵，通过虚张声势来引诱对方的，是在用这种方法达到击破敌军擒获敌将的目的；把军队分为若干纵队的，是在用这种方法攻破敌人的方圆阵势。"

［原文］

"困其惊骇者，所以一击十也；因其劳倦暮舍①者，所以十击百也；奇伎者，所以越深水渡江河也；强弩长兵者，所以逾水战

也；长关远候②，暴疾谬遁③者，所以降城服邑也；鼓行喧嚣者，所以行奇谋也；大风甚雨者，所以搏前擒后也；伪称敌使者，所以绝粮道也；谬号令④，与敌同服者，所以备走北⑤也；战必以义者，所以励众胜敌也；尊爵重赏者，所以劝用命也；严刑重罚者，所以进⑥罢怠也；一喜一怒，一与一夺，一文一武，一徐一疾者，所以调和三军，制一臣下也；处高敞者，所以警守也；保阻险⑦者，所以为固也；山林茂秽者，所以默往来也；深沟高垒，积粮多者，所以持久也。”

义智倾服

用兵作战的方法各有高妙。383年，苻坚亲率九十万秦军南下进逼东晋，秦晋两军对峙淝水两岸。东晋大将谢玄派使者用激将法让苻坚同意先让秦军后退，在晋军渡河后双方再决战的建议。结果秦军一退士气低落，阵势大乱，谢玄率领八千多骑兵，趁势抢渡淝水，向秦军猛攻。朱序则在秦军阵后大叫：“秦兵败矣！秦兵败矣！”秦兵信以为真，于是转身竞相奔逃。沿途听到风声鹤唳，都以为是晋军追来。

[注释]

①暮舍：夜晚进屋休息。

②长关：广布的哨卡。远候：远方的侦察。

③暴疾：行动迅猛。谬遁：进退诡诈。

④谬号令：假传敌人的号令。

⑤走北：战败而逃。

⑥进：通“尽”，终止，禁绝。

⑦保阻险：占据险要地形。

［译文］

“趁敌人惊骇时发动进攻的，是在用这种方法达到以一击十的效果；趁敌人困倦夜晚就寝时发动进攻的，是在用这种方法达到以十击百的效果；任用奇异技巧之人的，是在用这种方法跨越深水、渡过江河；使用强劲的弓弩和长柄的兵器打仗的，是在用这种方法与敌人隔水作战；广泛设卡而远方侦察，行动迅猛而进退诡诈的，是在用这种方法降服敌方的城邑；击鼓前进而让士兵大声喧哗的，是在用这种方法实施奇妙的谋略；乘暴风骤雨时发动袭击的，是在用这种方法达到前后并进的目的；冒充敌人使者的，是在用这种方法断绝对方的运粮道路；假传敌人号令、混穿敌军衣服的，是在用这种方法准备撤退；战前用道义训导士兵的，是在用这种方法激励部众奋勇杀敌；赏赐爵位、加重奖赏的，是在用这种方法勉励将士不怕牺牲；严酷用刑、加重惩罚的，是在用这种方法杜绝懒惰懈怠的现象；对士兵的态度喜怒适当，对下属的赏罚施行严明，对部众的管理宽猛相济，对全军的指令缓急有序的，是在用这种方法协调军队的内部关系，使部下能够同心协力；把军队驻扎在视线开阔的高地上的，是在用这种方法加强警戒与守备；率领军队占据险要地形的，是在用这种方法坚固防守；驻扎在茂密的山林地带的，是在用这种方法隐蔽往来的行动；深挖壕沟，高筑壁垒，多储粮食的，是在用这种方法打持久战。”

［原文］

“故曰：不知战攻之策，不可以语敌；不能分移①，不可以语奇；不通治乱，不可以语变。故曰：将不仁，则三军不亲；将不勇，则三军不锐；将不智，则三军大疑；将不明，则三军大倾②；将不精微，则三军失其机；将不常戒，则三军失其备；将不强力③，则三军失其职。故将者，人之司命④，三军与之俱治，与之俱乱。得贤将者兵强国昌，不得贤将者兵弱国亡。”武王曰：“善哉！”

［注释］

①分移：灵活调度和部署兵力。

②倾：倾覆，这里引申为失败、崩溃。

③强力：坚忍有毅力。

④司命：命运的主宰。

［译文］

“所以说，将领不知道作战攻伐的策略，就不能跟他谈论御敌之事；不能够灵活调度和部署兵力，就不能跟他谈论出奇制胜之法；不了解国家的治乱兴衰，就不能跟他谈论谋略诡变之术。所以说，将领不仁爱，那么全军就不亲近；将领不勇敢，那么全军就不精锐；将领不智慧，那么全军就会心生疑惧；将领不严明，那么全军就会导致溃败；将领不精详微妙，那么全军就会坐失良机；将领不经常警戒，那么全军就会守备废弛；将帅不坚强无毅力，那么全军就会丢失职守。因此将领是士兵命运的主宰者，全军会因他而秩序井然，也会因他而散乱不堪。君主得到贤能的将领，才能使军队强大国家昌盛；不能得到贤能的将领，就会使军队弱小国家灭亡。”武王说：“说得真好啊！”

五 音

题 解

“五音”即中国五声音阶：宫、商、角、徵、羽。本篇以谈音乐入手，论述了五音与战争的关系，介绍了将乐理知识运用到战场实践的几种情况。周代贵族教育的主要内容是“六艺”，即礼、乐、射、御、书、数，音乐是其中的一项重要的科目。孔子十分重视音乐在教化方面的作用，因此很多人都把音乐与治国之道相联系。《史记》记载，战国时的邹忌就是因弹琴技法讽喻治国方略而深受齐威王的器重。本篇融合了阴阳家的理论，以五行相生相克的观点阐述音乐与战争的关系。在五音中，宫属土、商属金、角属木、徵属火、羽属水；在五方中，中央属土、西方属金、东方属木、南方属火、北方属水。这样就把五行理论与五音联系起来，并将其作为战争的指导思想加以运用。然而，根据五音和五行相

配来了解敌情和指挥作战，没有太多科学依据，即使在古代战争中，这种方法也是不实用的。不过本篇仍可视为一种军事哲学理论的阐述，虽然将音乐直接运用到战争中的说法有些荒诞不经，但是以五音和五行的哲学内涵作为军事理论指导战争还是有一定价值的，所以透过蛛丝马迹判断敌情，进而作出相应决策，这种思想不乏可取之处。

［原文］

武王问太公曰：“律音[1]之声，可以知三军之消息、胜负之决乎？”太公曰：“深哉，王之问也！夫律管十二，其要有五音——宫、商、角（jué）、徵（zhǐ）、羽，此其正声也，万代不易。五行[2]之神，道之常也，可以知敌。金、木、水、火、土，各以其胜攻之。古者三皇[3]之世，虚无[4]之情，以制刚强。无有文字，皆由五行。五行之道，天地自然，六甲[5]之分，微妙之神。

“其法，以天清静，无阴云风雨，夜半遣轻骑，往至敌人之垒，去九百步外，偏持律管当耳，大呼惊之。有声应管，其来甚微。角声应管，当以白虎[6]；徵声应管，当

以玄武⑦；商声应管，当以朱雀⑧；羽声应管，当以勾陈⑨。五管声尽，不应者，宫也，当以青龙⑩。此五行之符，佐胜之征，成败之机也。”武王曰：“善哉！”

太公曰：“微妙之音，皆有外候。”武王曰：“何以知之？”太公曰：“敌人惊动则听之。闻枹(fú)鼓之音者，角也；见火光者，徵也；闻金铁矛戟之音者，商也；闻人啸呼之音者，羽也；寂寞无闻者，宫也。此五者，声色之符也。”

［注释］

①律：这里指六律。古人以竹管定音，规定了十二个固定音高及名称，即黄钟（C）、大吕（# C）、太簇（D）、夹钟（# D）、姑洗（E）、中吕（F）、蕤宾（# F）、林钟（G）、夷则（# G）、南吕（A）、无射（# A）、应钟（B），合称十二律，其中奇数称六律，偶数称六吕。音：这里指五音，即中国古代五声音阶中的五个音级，分别为宫（do）、商（re）、角（mi）、徵（sol）、

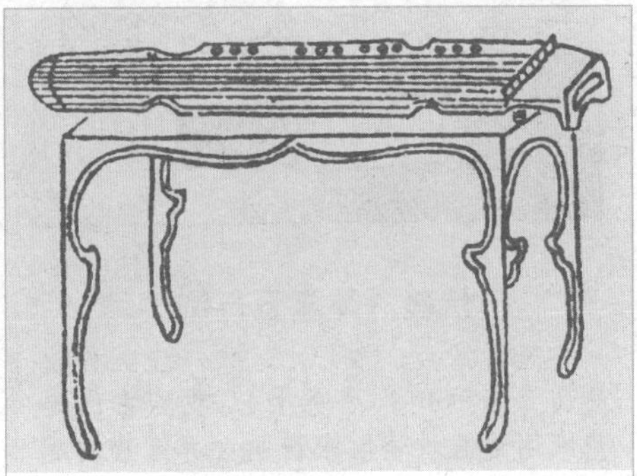

古琴

我国古代乐器很多，古琴是最受推崇的一种，其声分五音，恰与五行相契合。

羽（la），相当于简谱中的1、2、3、5、6。

②五行：即金、木、水、火、土，古人认为天地间万物由这五种物质构成，它们之间的关系是相生相克。阴阳五行家以五音配五行，宫属土、商属金、角属木、徵属火、羽属水。

③三皇：传说中的古代帝王，说法不一，或说伏羲、神农、黄帝，或说天皇、地皇、人皇等。

④虚无：清虚无为。

⑤六甲：古代以天干、地支相配计算年月日时，其中甲子、甲戌、甲申、甲午、甲辰、甲寅称六甲。这里泛指时日。

⑥白虎：二十八星宿中西方七星宿奎、娄、胃、昴、毕、觜、参的合称，用以代指西方，五行属金。

⑦玄武：二十八星宿中北方七星宿斗、牛、女、虚、危、室、壁的合称，用以代指北方，五行属水。

⑧朱雀：二十八星宿中南方七星宿井、鬼、柳、星、张、翼、轸的合称，用以代指南方，五行属火。

⑨勾陈：北极星，用以代指中央，五行属土。

⑩青龙：二十八星宿中东方七星宿角、亢、氐、房、心、尾、箕的合称，用以代指东方，五行属木。

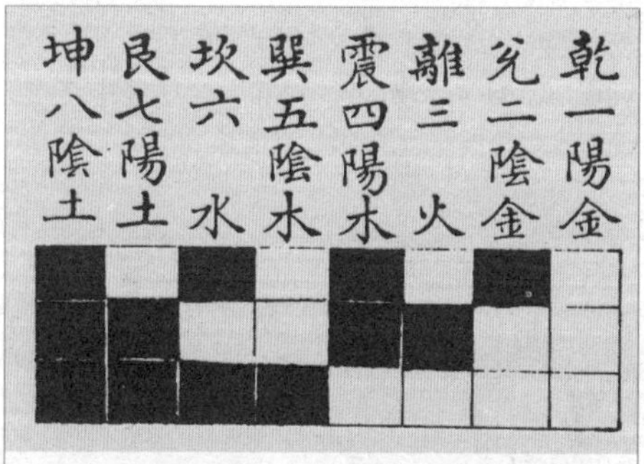

伏羲八卦属五行例

五行指金、木、水、火、土五种物质（元素的运行、变化）。我国古代思想家用这五种物质来说明世界万物的起源。五行相生：金生水，水生木，木生火，火生土，土生金。五行相克：金克木，木克土，土克水，水克火，火克金。五行的相生相克强调整体概念，描绘了事物的结构关系和运动形式。

［译文］

武王问太公说："从六律五音的乐声中，可以知道全军气势的盛衰、战场胜败的结果吗？"

太公回答说："大王问的这个问题好深奥啊！律管规定了十二个音高，其中的关键是五个音阶——宫、商、角、徵、羽，这是演奏所用的标准乐声，千秋万代也不曾更改。五行的神妙，是普遍存在的规律，可以用来了解敌人的情况。金、木、水、火、土，分别凭借自身的优势相互克制。古代三皇在世的时候，用清虚无为的道术，来制服刚毅强悍的情形。当时没有创造出文字，做事都遵循五行相生相克的规律。五行的规律，符合天地间的自然法则。时日的划分，道理同样微妙神奇。

"五音用于军事的方法是，在天空晴朗，没有乌云风雨的时候，深夜里派遣轻骑兵前往敌军营垒，在距离九百步远的地方，都拿着律管对着耳朵，大声呼喊来惊动敌人。有声音回应到律管中，传来的回声十分微弱。如果是角声回应到律管中，就从白虎所在的西方发起攻击；如果是徵声回应到律管中，就从玄武所在的北方发起攻击；如果是商声回应到律管中，就从朱雀所在的南方发起攻击；如果是羽声回应到律管中，就从勾陈所在的中央发起攻击；如果所有律管的声音都消散了，仍然没有回应的，就是宫声，应该从青龙所在的东方发起攻击。这五行体现出的祥瑞征兆，就是辅佐我军胜利的征兆，成败与否的先机了。"武王说："说得真好啊！"

太公接着说："精微玄妙的音律，都有外在的征候。"武王问："怎么知道的呢？"太公回答说："当敌人被惊动时就认真去听他们发出的声音。听到击鼓的声音，就是角声；看到火焰发出的光亮，就是徵声；听到金属兵器的声音，就是商声；听到敌人呼喊的声音，就是羽声；对方寂静无声，就是宫声。这五种情况，就是声音与现象相互应验的证明。"

兵征

题解

“兵征”即为军队的征兆、迹象之意，也就是说，军队在战前表现出的迹象能够左右整个战局的发展。本篇开篇就指出“胜负之征，精神先见”这个观点，一个好的军事统领通过观察敌军的士气、阵势和军纪，就能把敌人的强弱胜败判断出来。全文先是阐明了论点“胜败之征，精神先见”，然后进一步论述了一个军队的士气盛衰、阵势治乱、军纪严弛对其强弱胜败的影响。有了这个理论基础，最后阐述了战法，即以“望气”来确定城邑的攻讨方式，是屠还是克，降还是拔，乃至可攻与不可攻。楚汉之争时，项羽的后方战场远没有其他两个战场激烈，却对战局产生了极大的影响，这是怎么回事呢？原来彭越多次在项羽后方攻城略地，其目的就是切断楚军的补给线，项羽只能亲率大军征讨，结果楚军东西频繁调动，再加上补给不足，兵疲力竭，士气低下，西楚霸王再不复“破釜沉舟”的勇猛。齐鲁长勺之战中，较弱的鲁国取得了最后的胜利，靠的就是曹刿对战局的敏锐观察，敌军士气高涨时防守，敌军士气低落时进攻，敌军佯败时观望，敌军撤退时追击。本篇所论的恰恰如此，“行阵不周，旌旗乱而相绕”，“士卒恐惧，气绝而不属，戎马惊奔，兵车折轴”，“此大败之征也”。

[原文]

武王问太公曰：“吾欲未战先知敌人之

强弱，豫见胜负之征，为之奈何？”

太公曰：“胜负之征，精神先见，明将察之，其败在人。谨候敌人出入进退，察其动静，言语妖祥[1]，士卒所告。凡三军说怿（yì）[2]，士卒畏法，敬其将命，相喜以破敌，相陈以勇猛，相贤以威武，此强征[3]也；三军数惊，士卒不齐，相恐以敌强，相语以不利，耳目相属，妖言不止，众口相惑[4]，不畏法令，不重其将，此弱征也。

[注释]

①妖祥：凶兆和吉兆。妖，怪异凶恶的征兆。祥，吉祥的征兆。

②说怿：心情愉悦之意。说，同“悦”。

③强征：强盛的征兆。

④众口相惑：互相怂恿的意思。

[译文]

武王问太公说：“我想在尚未作战之前，就能得知敌人是强还是弱，预见到敌我之间胜败的迹象，我该怎么办呢？”

太公回答说：“胜负的迹象，总是会在精神上最先显现出来，只有睿智的将帅才能看得出来，效果的好坏就要看人的识别能力如何了。我们要耐心观察敌人出入进退的情况，察看他们的动静，言语是吉是凶以及士卒的相互间的闲谈。只要是三军将士心情愉悦，士兵严守法令，尊敬、听命于长官，乐于击败敌军，言谈中都讲述战场上的勇猛行为，互相赞美那些威武的将士，这些都是一个军队强盛的迹象。与此相反，要是三军将士频繁惊扰，兵士散乱，相互恐惧敌人之强盛，相互谈论的也都是于战斗不利的言论，眼睛看的、耳朵听的，都是些妖言怪事。相互怂恿，不遵法令，不敬主将，这些都是军队怯弱的迹象。

［原文］

“三军齐整，阵势已固，深沟高垒，又有大风甚雨之利，三军无故[1]，旌旗前指，金铎之声扬以清，鼙鼓之声宛以鸣，此得神明之助，大胜之征也；行陈(zhèn)[2]不固，旌旗乱而相绕，逆大风甚雨之利，士卒恐惧，气绝而不属[3]，戎马惊奔，兵车折轴，金铎之声下以浊，鼙鼓之声湿如沐，此大败之征也。

“凡攻城围邑，城之气色如死灰[4]，城可屠；城之气出而北，城可克；城之气出而西，城可降；城之气出而南，城不可拔；城之气出而东，城不可攻；城之气出而复入，城主[5]逃北；城之气出而覆我军之上，军必病；城之气出高而无所止，用兵长久。凡攻城围邑，过旬不雷不雨，必亟去之，城必有

大辅⑥。此所以知可攻而攻，不可攻而止。”武王曰：“善哉！”

[注释]

①无故：没有发生特别的变故。这里指三军安然待发。

②行陈：也作“行阵”，即军队的布阵势。

③不属：不连接。这里引申为涣散之意。

④死灰：灰白色。

⑤城主：守城的主将。

⑥大辅：极其得力的辅佐之人。

水淹七军

关羽进攻樊城时，利用大雨后洪涝冲击敌军之机，审时度势，乘战船大破曹操七路大军，并生擒大将于禁、庞德。在这一战例中，趁敌军窘败之机，抓紧机会出击是关键的一步，而其中最为关键的是，观察兵征分辨敌人的强弱之势。

[译文]

“三军队伍齐整，阵势牢固，有深沟高垒作为凭借，还有暴风骤雨的便利，三军没有变故发生，旌旗挥向前方，金铎发出的声音激扬清越，鼙鼓发出的声音宛转和鸣，这都得到了神明相助，是取得大胜的迹象。但要是三军阵势不坚，旌旗乱摇，缠绕在一起，行动与暴风骤雨等时令相违，士卒惊恐不堪，气喘吁吁，互不连接，战马惊骇乱奔，兵车车轴折断，金铎之声混浊不清，鼙鼓之声木然不明，这都是军队将要失败的征兆。

“在攻城围邑之前，可以观察一下城市上空的气象，就可知进攻是否会顺利。要是城市上空呈现死灰之色，那这座城能屠杀；

要是这座城市的上空之气流向北方，那这座城能够攻克；要是城市的上空之气流向西方，那这座城能够迫降；要是城市的上空之气流向南方，那这座城就很难攻破；倘若城市的上空之气流向东方，那这座城是不能进攻的；要是城市的上空之气流走又复回，那么守城的主将已经逃走了；如果城市的上空之气溢出且覆盖在我军的上方，则我军定会受挫；倘若城市的上空之气流出且不断上升，那么围城的时间必定要很长。在攻城围邑时，倘若十天内不打雷也不下雨，应该马上离去，城中一定得到了有力的辅佐。这就是说能攻时则攻，不能攻则停止，决不可勉强从事。”武王说：“说得真好啊！”

农　器

题　解

“农器”即农事中用到的生产工具，本篇论述的是这些农业工具也可以为作战所用，主要的一个观点便是富国强兵，这种主张出现在春秋时期，而在战国时代很流行。军事力量是一个国家的政治、经济、科技还有民众组织水平的集中体现，要想提高国防力量，国家经济的发展乃是首要条件。战国时代，各诸侯国为了在你攻我伐的兼并战争中稳定自己，就需要大力提倡发展生产，将富国作为强兵之本，国不富便无法养兵，更别说强兵了。兵不强自然无法胜敌，也就不能立国，所以，中国古代便出现了以农立国、以兵卫国的思想。所以，富国强兵的本质就是寓兵于农，兵农合一，强调农战，大力发展农业。本篇开头先提出了安不忘危、和不忘战这个重要的观点，即在

天下安定无战的情况下，也不可荒废了武备。随后又进一步论述了要想做到这一点的条件，那就是平时和作战相结合，寓兵于农，兵农合一，就是“越攻守御之具，尽在于人事”。具体说来就是平时的生产、生活工具，战时都可以当作武器装备；平时的生产技术在战时可以作为战斗技术；平时乡里田间的行政组织战时便成为军事组织；平时的各种农业设施也可当作军事工程。农业的一切都可以为战争所用，所以，在平时一定要大力发展农业，这才是富国强兵的正道。

［原文］

武王问太公曰：“天下安定，国家无事，战攻之具，可无修乎？守御之备，可无设乎？”

太公曰：“战攻守御之具，尽在于人事。耒（lěi）耜（sì）①者，其行马蒺藜②也。马牛车舆者，其营垒蔽橹③也。锄耰（yōu）④之具，其矛戟也。蓑（bì）薜簦（dēng）笠⑤，其甲胄干楯也。䦆（jué）、锸⑥、斧、锯、杵、臼，其攻城器也。牛马，所以转输粮用也。鸡犬，其伺候也。妇人织纴⑦，其旌旗也。丈夫平壤，其攻城也。春钹（pō）⑧草棘，其战车骑也⑨。夏耨（nòu）田畴⑩，其战步兵也。”

［注释］

①耒耜：古代用来翻地的农具。上面的弯柄为耒，下面的铲

农耕

古代社会以农耕为本。在西周、春秋以前，寓兵于农，即推行兵农合一，就是以农器为兵器。

状物为耜。

②行马：军事上防御用的路障。蒺藜：一种带有尖刺的植物，古人仿制其制作各类防御性工具。

③蔽橹：古代军中用来瞭望观察敌情的望楼。

④耰：古代农具，用来弄碎土块、平整土地。

⑤蓑薛簦笠：都是雨具。蓑薛，草编的雨衣。簦，古时有柄的笠，类似现在的雨伞。笠，斗笠。

⑥鑁：用来刨土的农具。锸：铁锹，掘土的工具。

⑦织纴：织作布帛的活动。

⑧钹：古代农具，类似镰刀，两刃，木柄，用来割草。

⑨其战车骑也：可以用于战时和敌军的战车、骑兵作战。

⑩耨：除草。田畴：泛指田地。

[译文]

武王问太公道："天下安定，国家没有仗可打的时候，那些用来攻击作战的装备，可以不去修理了吗？那些用来防守抵御的装备，可以不设置了吗？"

太公说："那些用来进攻防守的设备，其实完全是人民百姓平时所用的器具。农民耕地用的耒耜，作战时就可以拿来作行马、蒺藜之用。马车、牛车，也可以作为营垒、蔽橹。还有锄、耰这类农具，可以作为作战的兵器矛、戟。百姓用的蓑衣、雨伞和斗笠，可以拿来当作作战时的甲胄和盾牌。镢、锸、斧、锯、杵、臼这些工具都可以用来攻城。农民役使的牛马可以用在军粮运输当中。公鸡报晓，家犬守夜，都可以用在军中，用来报时和警戒。妇女纺织布帛，可以用来制作军中的旌旗。男子平整土壤，这在攻城作战中也有用武之地。春天农民割草斩棘，这方法可以用在和敌人的战车、骑兵作战当中。夏天农民耘田除草，这方法也可以用来和敌人的步兵作战。

［原文］

“秋刈(yì)禾薪①，其粮食储备也。冬实仓廪，其坚守也。田里相伍②，其约束符信③也。里有吏，官有长，其将帅也。里有周垣④，不得相过，其队分也。输粟收刍⑤，共廪库也。春秋治城郭，修沟渠，其堑垒也。

“故用兵之具，尽在于人事也。善为国者，取于人事，故必使遂其六畜⑥，辟其田野，安其处所。丈夫治田有亩数，妇人织纴有尺度，此富国强兵之道也。”武王曰：“善哉！”

［注释］

①刈：割草。薪：柴火。

②田里：指代百姓。田，田地；里，居住的地方，古代五家为邻，五邻为里。相伍：编成“伍”，伍是古代军队编制单位，五人为一伍。

男耕女织

男耕女织是我国古代社会家庭的自然分工方式。封建社会中的小农经济，一家一户经营，男女分工明确，男的种田，女的织布。而与外敌作战时，农民又都可上战场。战时为兵，平时为民，是这篇《农器》所讲述的理论。

③符信：凭证。

④周垣：围墙。

⑤粟：小米，这里泛指粮食。刍：喂牲口的草料。

⑥六畜：指马、牛、羊、猪、狗、鸡六种家畜（禽），这里泛指家畜。

［译文］

“农民在秋天将庄稼和柴草收割，可以储备起来作为战时的粮草。冬季仓库里粮食充盈，可以为战时长期坚守做准备。乡里的百姓编制成伍，就可以在战时用法规约束行为，用互通军符指挥行动。里设有吏，乡设有长，平时治理百姓，战时就可以作为军队的将帅。里和里之间修筑有围墙，将其分隔开，互不逾越，一旦打仗这便可以作为军队作战的战区。平时运输粮食、收割草料，战时便可以充当后勤储备。春秋二季要修葺城郭、疏浚沟渠，战时这就可以当作堑壕堡垒。

“所以作战时要用到的装备，完全分散在人们日常的生活劳作当中，那些治理国家的高手，没有不重视农业大事的。所以，他肯定要鼓励百姓饲养牲畜，开垦田地，让百姓居有定所。让男子耕田达到一定的数量，以保证粮食充足，让妇女织布达到一定的数量，以使人们穿戴不愁。这就是平时富国、战时强兵的方法。”武王说：“说得真好啊！”

虎韬

军用

题解

“军用”的意思是军中所用，即武器装备，这是决定战争力量的各个因素中，很重要的一个，它不仅是战斗力的物质基础，还会影响士兵的士气，所以，武器装备对战争的进程和结局有着非常大的影响。本篇开篇也提出了这个观点，认定数量、种类繁多的武器装备是决定军事力量威力的一个关键问题，随后又以一万人的军队为例，详细罗列了在不同的作战情况下所需的兵器种类、数量、编配以及如何运用等问题，最后得出结论：一万人的甲士，需用六千强弩、二千戟盾、二千矛盾，同时还要配备专门维修各种器材的三百名工匠。

[原文]

武王问太公曰：“王者举兵，三军器用，攻守之具，科品[1]众寡，岂有法乎？”太公曰：“大哉，王之问也！夫攻守之具，各有科品，此兵之大威也。”武王曰：“愿闻之。”

太公曰：“凡用兵之大数，将甲士万人，

法用[2]：武冲大扶胥[3]三十六乘，材士强弩矛戟为翼，一车二十四人推之，以八尺车轮，车上立旗鼓，兵法谓之震骇，陷[4]坚阵，败强敌。”

［注释］

①科品：种类，等级。

②法用：这里指武器装备配置的原则、规则。

③扶胥：又称“扶苏”，古代兵车上的藩盾。

④陷：攻陷，攻破。

［译文］

武王问太公道：“君王起兵作战，军中所有的各种武器装备、攻防器材的种类和数量可有什么标准？”太公说：“君王您问的这确实是一个大问题啊！那些进攻或者防守的装备器材有很多种类，各有特点，这是决定军队战斗力强弱的一个大问题。”武王说：“我愿意听听详细的内容。”

太公说：“统兵打仗要配备的武器装备都是有一个大致的标准的，如果统率一万名甲士，那么要用的武器器材应该是这样：武冲大扶胥三十六辆，勇猛善战的士兵手持强弩、矛、戟等兵器护卫在两旁，一辆战车由二十四个人推动，车轮高八尺，车上竖旗设鼓，这种车辆在兵法上被称为‘震骇’，可用它攻陷坚固的阵地，战胜强大的敌人。”

［原文］

“武翼大橹矛戟扶胥[1]七十二具，材士强

弩矛戟为翼，以五尺车轮，绞车、连弩[2]自副，陷坚阵，败强敌。

“提翼小橹扶胥[3]一百四十具，绞车、连弩自副，以鹿车[4]轮，陷坚阵，败强敌。

“大黄参连弩大扶胥[5]三十六乘，材士强弩矛戟为翼，飞凫、电影[6]自副，飞凫赤茎[7]白羽，以铜为首，电影青茎赤羽，以铁为首，昼则以绛缟[8]，长六尺，广六寸，为光耀；夜则以白缟，长六尺，广六寸，为流星，陷坚阵，败步骑。

“大扶胥冲车三十六乘，螳螂武士[9]共载，可以击纵横，可以败敌。”

国殇将士铠甲战车

屈原《国殇》中威武的士兵的形象：操吴戈兮披犀甲，车错毂兮短兵接。

[注释]

①武翼大橹矛戟扶胥：这里指车上装有大盾牌和矛戟等兵器的战车。橹，盾牌

②绞车、连弩：指古代利用轮轴原理制成的一种牵引机械和一种弓弩，绞车用来张弓，能够连续不

断地发射箭矢。

③提翼小橹扶胥：装有小盾牌的小型战车。

④鹿车：古代一种独轮车。

⑤大黄参连弩大扶胥：这里指车上装有大黄连弩的大型战车。大黄，强弩的名称，射程远。参连弩，指能够连续射击的强弩。

⑥飞凫、电影：两种旗帜的名称。

⑦茎：杆，这里指旗杆。

⑧绛缟：大红色的丝绢。

⑨螳螂武士：指骁勇善战的战士。

［译文］

“武翼大橹矛戟扶胥七十二辆，勇武的战士手持强弩、矛、戟部署在战车两旁进行护卫。这种战车的车轮高五尺，还装有绞车、连弩，可以用来攻破坚固的阵地，战胜强大的敌人。

“提翼小橹扶胥一百四十辆，还装有绞车、连弩，这种战车为独轮，可以用来攻破坚固的阵地，战胜强大的敌人。

“大黄参连弩大扶胥三十六辆，勇武的战士手持强弩、矛、戟护卫在战车两旁，车上有飞凫、电影两种旗帜。飞凫为红色的旗杆，白色的羽毛，用铜矛做旗杆的头；电影则是青色的旗杆，红色的羽毛，用铁矛头做旗杆的头。在白天用大红色的绢做旗面，长六尺，宽六寸，名字叫作‘光耀’；到了夜间要用白色的绢做旗面，长六尺，宽六寸，名字叫作‘流星’。这种战车可以用来攻破坚固的阵地，战胜敌军的步兵和骑兵。

“大扶胥冲车三十六辆，安排勇猛的战士乘车前进，可以用来纵横进攻，战胜强大的敌人。”

[原文]

“辎车骑寇①，一名电车②，兵法谓之电击，陷坚阵，败步骑。

“寇夜来前，矛戟扶胥轻车③一百六十乘，螳螂武士三人共载，兵法谓之霆④击，陷坚阵，败步骑。

“方首铁棓(bàng)维肦(fén)⑤，重十二斤，柄长五尺以上，千二百枚，一名天棓；大柯斧⑥，刃长八寸，重八斤，柄长五尺以上，千二百枚，一名天钺；方首铁锤，重八斤，柄长五尺以上，千二百枚，一名天锤，败步骑群寇。”

[注释]

①辎车骑寇：轻便、迅捷的战车。

②电车：快似闪电的战车。

③矛戟扶胥轻车：轻型战车，上面配备有矛戟等攻击武器。

④霆：霹雷，霹雳。

⑤方首铁棓维肦：武器名，铁棒的一种，头大而方。棓，同“棒”。肦，头大的样子。

⑥大柯斧：长柄的斧头。柯，斧柄。

[译文]

“辎车骑寇也被称为电车，在兵法上被称为‘电击’，可以用来攻破坚固的阵地，击败敌军的步兵、骑兵。

“矛戟扶胥轻车一百六十辆，每辆车载三名勇猛的战士，在兵法上，这种车被称为‘霆击’，可以用来攻破坚固的阵地，击败敌军的步兵、骑兵。

“方首铁棓维朌，又名天棓，重十二斤，柄的长度在五尺以上，要配备一千二百把；大柯斧，又名天钺，刃长八寸，重八斤，柄的长度在五尺以上，要配备一千二百把；方首铁锤，又名天锤，重八斤，柄的长度在五尺以上，要配备一千二百把。这些武器可以用来击败敌军的步兵骑兵。”

［原文］

“飞钩①，长八寸，钩芒②长四寸，柄长六尺以上，千二百枚，以投其众。

“三军拒守，木螳螂剑刃扶胥③，广二丈，百二十具，一名行马，平易地，以步兵败车骑。

“木蒺藜，去地二尺五寸，百二十具，败步骑，要穷寇，遮走北。轴旋短冲矛戟扶胥④，百二十具，黄帝所以败蚩尤氏⑤，败步骑，要穷寇，遮走北。

“狭路微径⑥，张铁蒺藜，芒高四寸，广八寸，长六尺以上，千二百具。败步骑。

“突瞑⑦来前促战，白刃接，张地罗⑧，铺两镞蒺藜、参连织女⑨，芒间相去二寸，万二千具。旷野草中，方胸铤(chán)矛⑩，千二百具，张铤矛法，高一尺五寸，败步骑，要穷寇，遮走北。”

［注释］

①飞钩：古代兵器名，似剑而前端弯曲。

②芒：尖。

③木螳螂剑刃扶胥：一种木制战车，形似螳螂，有尖刃冲外，可以用来拒守。

④轴旋短冲矛戟扶胥：一种战车，车上配有冲角矛戟，还可以旋转以杀伤敌人。

⑤蚩尤氏：上古传说中的南方九黎族首领，铜头铁额，能呼风唤雨，勇猛善战，后与黄帝在涿鹿交战，战败被杀。

⑥微径：小路。

⑦突瞑：趁天色黑暗而发起突袭。

⑧地罗：地网，防御型兵器。

⑨参连织女：一种阻敌前进的障碍物，将蒺藜连缀在一起而构成。织女，草名，类似蒺藜，这里指带有尖

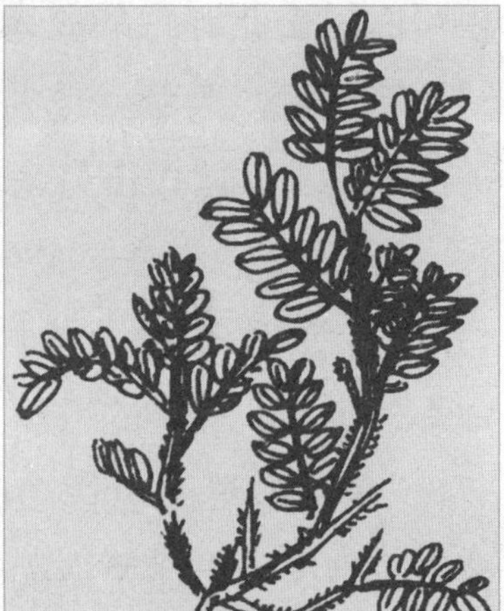

蒺藜

蒺藜，别名刺蒺藜、硬蒺藜。一年生草本，全株密被灰白色柔毛。茎由基部分枝，平卧，长达一米左右。生丁荒丘、田边、路旁及河边草丛中。

刺的障碍物。

⑩方胸铤矛：矛头穿过木柄的部位呈方形的矛。铤，短矛。

[译文]

“飞钩，长八寸，尖长四寸，柄长六尺以上，配备一千二百把，可以用来向敌群投掷。

“军队进行防御的时候，要使用木螳螂剑刃扶胥这种战车，每辆车宽两丈，配备一百二十辆，它又被称为行马，部署在平坦的地势上，可以用来阻挡敌人骑兵、车兵的行动。

“布设木蒺藜，要注意要高于地面二尺五寸，布设一百二十具。可以用来阻挡敌人的步兵、骑兵的前进，可以拦截势穷力竭的敌人，也可以阻击要逃跑的敌人。轴旋短冲矛戟扶胥这种战车，要配备一百二十辆，黄帝就是凭借着它击败了蚩尤，可以用它打败敌军的步兵、骑兵，拦击穷途末路的敌人，阻击逃跑的敌人。

“在隘路、小道之上可以布设铁蒺藜，铁蒺藜的刺长四寸，宽为八寸，长度在六尺以上，一共布设一千二百具，可以用来拦阻敌军的步兵、骑兵的行动。

“敌军趁着天色昏暗时突然前来逼战，白刃相接，我军这时要张设地网，布撒两镞蒺藜和参连织女等障碍物，芒尖相距二寸，共布设一万二千具。在旷野深草地带作战时，要配备方胸铤矛，一共一千二百把。布设铤矛时要让它高出地面一尺五寸。这样就可以用来阻碍敌军的步兵、骑兵前进，拦击穷途末路的敌人，阻击逃跑的敌人。”

[原文]

“狭路微径地陷，铁械锁参连，百二十

具，败步骑，要（yāo）[1]穷寇，遮走北。

“垒门拒守，矛戟小橹[2]十二具，绞车[3]连弩自副。三军拒守，天罗虎落锁连[4]，一部广一丈五尺，高八尺，百二十具。虎落剑刃扶胥[5]，广一丈五尺，高八尺，五百二十具。

“渡沟堑，飞桥，一间广一丈五尺，长二丈以上，着转关辘轳八具，以环利通索张之。

“渡大水，飞江，广一丈五尺，长二丈以上，八具，以环利通索张之；天浮铁螳螂，矩内圆外，径四尺以上，环络自副，三十二具；以天浮张飞江，济大海，谓之天潢，一名天舡[6]。”

[注释]

①要：半路拦截。

②小橹：小型盾牌。

③绞车：一种利用滑轮原理制成的起重装置。

④天罗：一种带刺的网。虎落：遮护营垒的竹篱。连：同“链”。

⑤扶胥：也作“扶苏”，设置于战车上用来护卫的盾牌。

⑥天舡：大船。

[译文]

“在狭路、小径、洼地之处，掘出陷坑并将铁制械锁布设于此，共一百二十部，可以阻击敌军的步兵、骑兵，制约陷入窘境的敌人，截断他们的逃跑之路。

“守卫营垒大门，需要矛、戟、小橹各十二部，并附有绞车、连弩。全军驻守时，还应设置天罗、虎落、锁链，每部宽一丈五尺，高八尺，共一百二十部。另设虎落、剑刃、扶胥，每部宽一丈五尺，高八尺，共五百二十部。

“跨越壕沟坑洼之处，应配备飞桥，每间宽一丈五尺，长两丈以上，上面装有转关辘轳八部，使用连环铁索来架设它。

“渡过宽广的水域，应配备飞江，宽一丈五尺，长二丈以上，共八部，也使用连环铁索来架设它；天浮和铁螳螂，内方外圆，直径四尺以上，附有铁环绳索，共三十二部；用天浮架设飞江，可以渡过汪洋大海，称之为天潢，也叫天舡。”

［原文］

“山林野居，结虎落柴营，环利铁锁长二丈以上，千二百枚；环利大通索大四寸，长四丈以上，六百枚；环利中通索大二寸，长四丈以上，二百枚；环利小徽缧(léi)长二丈以上，万二千枚。天雨，盖重车上板，结枲(xǐ)鉏(jǔ)铻(yǔ)[1]广四尺，长四丈以上，车一具，以铁杙(yì)[2]张之。

“伐木大斧，重八斤，柄长三尺以上，三百枚。棨(qǐ)镢(jué)[3]，刃广六寸，柄长五尺以上，三百枚。铜筑固为垂，长五尺以上，三百枚。

鹰爪方胸铁杷，柄长七尺以上，三百枚。方胸铁叉，柄长七尺以上，三百枚。方胸两枝铁叉，柄长七尺以上，三百枚。芟(shān)④草木大镰，柄长七尺以上，三百枚。大橹刀，重八斤，柄长六尺，三百枚。委环铁杙，长三尺以上，三百枚。椓(zhuó)⑤杙大锤，重五斤，柄长二尺以上，百二十具。甲士万人，强弩六千，戟楯(dùn)二千，矛楯二千，修治攻具，砥砺⑥兵器，巧手三百人。此举兵军用之大数也。”武王曰：“允哉！”

［注释］

①结枲：铺设麻布。枲，麻织品。钼铻：呈锯齿状排列。

②铁杙：小铁桩，类似钉子。

③桀镬：一种刨土的工具。

④芟：除草。

⑤椓：敲打。

⑥砥砺：磨刀石，这里作动词，意为磨砺、打磨。

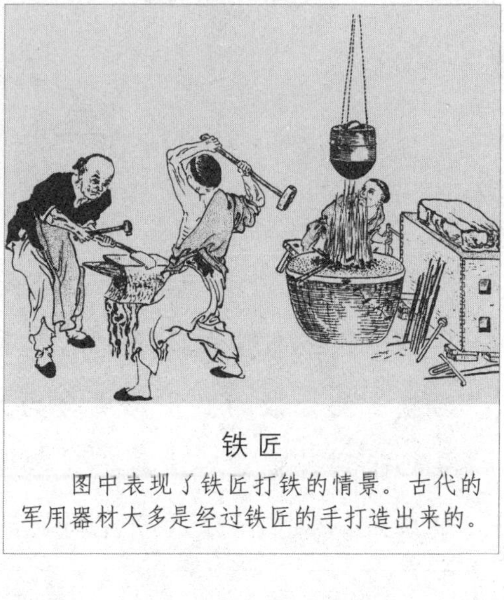

铁匠

图中表现了铁匠打铁的情景。古代的军用器材大多是经过铁匠的手打造出来的。

［译文］

“在深山、丛林、荒野

驻扎，要构筑虎落篱笆式的营寨，需要使用铁锁链，长二丈以上，共一千二百条；大号的连环绳索，粗四寸，长四丈以上，共六百条；中号的连环绳索，粗二寸，长四丈以上，共二百条；连环细绳索，长二丈以上，共一万二千条。天下雨时，辎重车辆顶部要盖上木板，还要交错铺设麻布，宽四尺，长四丈以上，每车一张，用钉子固定在车顶上。

“砍伐树木用的大斧，重八斤，柄长三尺以上，共三百把；刨土用的棨䦆，刃宽六寸，柄长五尺以上，共三百把；铜筑固为垂，长五尺以上，共三百把；鹰爪方胸铁耙，柄长七尺以上，共三百把；方胸铁叉，柄长七尺以上，共三百把；方胸两枝铁叉，柄长七尺以上，共三百把。清除杂草用的大镰，柄长七尺以上，共三百把；大橹刀，重八斤，柄长六尺，共三百把；带环的铁桩，长三尺以上，共三百个；敲打铁桩的大锤，重五斤，柄长二尺以上，共一百二十把。兵士一万人，需要强弩六千架，戟配盾两千套，矛配盾两千套，维修和制造攻城器具，磨砺兵器的能工巧匠三百人。以上是发兵作战所需要的军用装备的大致数目。”武王说：“确实需要这些啊！”

三　陈

题　解

“三陈”即“三阵”，指的是天、地、人三种阵型。在冷兵器时代，布阵在战争中尤其重要，因为这种战术可以化零为整，使分散的兵士形成合力，从而在作战时事半而功倍。从孙子到孙膑，从诸葛亮到李靖，从岳飞到戚继光，历代军事家无不注重阵法的研究与实践，他们将布阵与天候、地形等自然条件相结合，并充分发挥本方的优势，抑制对方的长处，因地制宜，扬长避短，从而取得战争的胜利。本篇论述了三种阵法，首先介绍了天阵，即根据日月星辰等天象布阵；其次介绍了地阵，即根据山川河流等地形布阵；最后介绍了人阵，即根据不同的战略战术需要而选择武器装备或斗争方式布阵。古人用兵非常讲究阵法，最早见于《孙膑兵法》的“十阵”影响很大，后来经诸葛亮、李靖等人的完善形成了著名的“八阵”。除此之外，宋武帝刘裕的“却月阵”、南宋名将岳飞的“撒星阵”、明代抗倭英雄戚继光的“鸳鸯阵”也都是非常著名的阵法。本篇并没有具体介绍布阵的方法，而是论述了阵法的思想，属于军事哲学范畴，堪称中国古代兵家思想的精华。

[原文]

武王问太公曰：“凡用兵为天陈(zhèn)①、地陈②、人陈③，奈何？”太公曰：“日月星辰斗杓(biāo)④，一左一右，一向一背，此为天陈；丘陵水泉，亦有前后左右之利，此谓地陈；用车用马，用文用武，此谓人陈。”武王曰：“善哉！”

[注释]

①天陈：根据天象布阵。陈，同“阵”，本篇同。

②地陈：根据地形布阵。

③人陈：根据人事布阵。

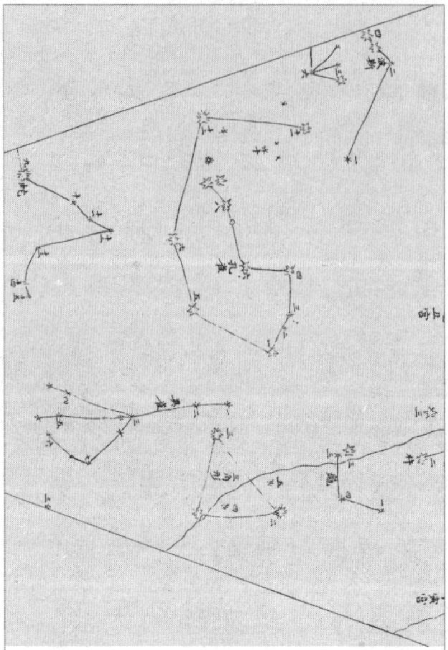

天象图

天阵、地阵、人阵，是根据阵法依托对象的不同来命名。天阵是根据日月星辰斗杓等天象位置来布阵。

④斗杓：斗柄，指北斗的第五、六、七颗星。北斗共有七颗星，斗身由四颗星组成，称魁；斗柄由三颗星组成，称杓。

［译文］

武王问太公说："大凡用兵布列天阵、地阵、人阵，是什么意思呢？"太公回答说："日月星辰斗杓的变幻，一左一右，一前一后，根据天象位置来布阵就叫天阵；丘陵河流泉水，也有前有左右的形式，根据地形山势来布阵就叫地阵；使用战车或骑兵，采用政治斗争或武力征伐，根据不同的战略战术需要来布阵就叫人阵。"武王说："真是太好了！"

疾　战

题　解

"疾战"就是迅捷地发动攻击，为兵贵神速战略思想的具体体现。本篇主要论述了突围作战的方法，即本方被敌人包围，且交通要道被切断的情况下，应该用最快的速度实施突围，以期迅速摆脱不利处境，切忌犹豫迟疑，所以"暴用之则胜，徐用之则败"。在突围的过程中，首先以战车和骑兵扰乱敌人的阵型，然后兵分三路，左军攻左路，右军攻右

路，中军攻中路，三军协同作战，遥相呼应，即可达到突围的目的。成功实施突围后，对尾追之敌要设伏加以歼灭。突围作战的前提是严密的组织和充分的准备，不宜仓促应战，应该选择敌人包围圈的薄弱处，趁敌人戒备松懈时发起攻击。《孙子·虚实》说："我专为一，敌分为十，是以十攻其一也，则我众敌寡也。"根据这一原则，歼灭战贵在集中优势兵力，对敌人实施短促而猛烈的攻击，从而迅速打开突破口，并以两翼后续部队阻止敌人追击。这就是"伤其十指不如断其一指"的道理，也是突围作战的一般原则。

[原文]

武王问太公曰："敌人围我，断我前后，绝我粮道，为之奈何？"太公曰："此天下之困兵①也，暴②用之则胜，徐用之则败。如此者，为四武冲阵③，以武车骁骑惊乱其军而疾击之，可以横行。"

武王曰："若已出围地，欲因以为胜，为之奈何？"太公曰："左军疾左，右军疾右，无与敌人争道，中军迭前迭后。敌人虽众，其将可走。"

[注释]

①困兵：身陷困境的军队。

②暴：突然，迅猛。

③四武冲阵：谓四面都用战车部队进行防卫的阵形。

[译文]

武王问太公说：“如果敌人将我方围困，阻断了前后的联系，断绝了运粮的通道，应该怎么办呢？”太公回答说：“这是天下处境最艰难的军队，急速突围就能胜利，拖延迟疑就要失败。像这种情况，把军队排列成‘四武冲阵’，利用威猛的战车和骁勇的骑兵搅扰敌军，进而发动突然袭击，可以凭借这一战术横行无阻地突出重围。”

武王又问：“如果已经突出重围，还想乘势取得胜利，应该怎么办呢？”太公回答说：“以左军迅速进攻敌人的左翼，右军迅速进攻敌人的右翼，不要与敌人争夺道路，再以中军轮番突击，或前或后。敌军即使兵力众多，也将被击退。”

必 出

题 解

“必出”就是突出重围之意。本篇主要对趁夜突围作战和渡江突围作战的方法进行论述。总结起来，突围方法包括：足够的器械，奋勇战斗的精神；掌握敌情，得悉敌人薄弱之所在；突围具有突然性，尽量选择夜间突围；突围时以勇猛善战的部队为前锋，打开通路，大部队紧跟其后，沿路设伏，阻截追兵。要是渡河突围，首先必须要准备各种渡河器材，其次则要鼓励士气、告诫将士，“勇斗则生，不勇则死”，要破釜沉舟，一往无前。在汉赵井陉之战中，汉大将韩信在井陉口命令将士背靠大河摆开阵势，和敌人交战，结果士气大振，士兵个个勇往直前，以区区三万人击败了号称二十万人的赵军。这一战赵军的主将陈馀被杀，赵王歇被活捉，项羽分封的赵国灭亡了，为刘邦最终战胜项羽、统一全国创造了有利的战略形势。

[原文]

武王问太公曰：“引兵深入诸侯之地，敌人四合而围我，断我归道，绝我粮食。敌人既众，粮食甚多，险阻又固。我欲必出，为之奈何？”

太公曰：“必出之道，器械为宝，勇斗为首。审知敌人空虚之地，无人之处，可以必出。将士人持玄旗[1]，操器械，设衔枚[2]，夜出。勇力、飞足、冒将之士居前，平垒[3]为军开道；材士强弩为伏兵居后；弱卒车骑居中。陈毕徐行，慎无惊骇。以武冲[4]扶胥前后拒守，武翼大橹[5]以备左右。敌人若惊，勇力、冒将之士疾击而前，弱卒车骑以属其后，材士强弩隐伏而处。审候敌人追我，伏

项羽

前208年，秦将章邯指挥秦军主力合围巨鹿，项羽率兵前往解救。为了表现置之死地而后生的决心，项羽带领全部军队渡过漳河，“皆沉船，破釜甑，烧庐舍，持三日粮，以示士卒必死，无一还心”。项羽率军断秦军粮道，与秦军进行了九次激烈的较量，“楚战士无不以一当十”。秦损兵折将，项羽乘胜追击，迫使章邯率其残部投降。

兵疾击其后，多其火鼓，若从地出，若从天下。三军勇斗，莫我能御。”

[注释]

①玄旗：黑色的旗帜。

②衔枚：古代军队在秘密行动时，让兵士口中横衔着枚像筷子的东西，防止说话，以免敌人发觉。

③平垒：占领敌军的营垒。

④武冲：冲车。古代的一种战车。

⑤武翼大橹：古代一种装备矛戟并以大盾牌为两翼的中型战车。

[译文]

武王问太公：“带兵进入敌国境内，来自四面的敌人合围我军，切断我军的退路，断绝我军的粮道。敌军很多，粮草也充足，占据了显要的地形，守备牢固，我想要突围出去，该如何做？”

太公说：“突出重围的方法，以器材最为重要，以奋勇战斗为第一要务。寻找敌人的兵力薄弱所在，或者无人防守之处，乘虚进攻，就能突围而出。部署突围时，命将士都手持黑旗，拿着器械，口中衔枚，趁夜行动。让那些勇敢有力、行动轻捷、甘于冒险的将士冲在前面，攻占敌人的营垒，打开前进的通路，勇敢的战士用强弩在队伍的后面设伏掩护，老弱的士卒和车骑行进在中间。行进时沉着冷静，谨慎而不要惊慌，用武冲扶胥护卫前后，以武翼大橹矛戟扶胥掩护左右。倘若敌人对我军的突围行动有所警觉，我军先头部队可快速突击向前，老弱的士卒和车骑紧跟其后，勇武的士兵用强弩居后设伏。等到敌人来追我军时，我军伏兵就迅速打击它的后尾，并且用火光、鼓声扰乱敌人，让他们感觉到我军好似从地而出，从天而降。全军都奋勇杀敌，没有什么敌人能阻拦我军的突围。”

[原文]

武王曰：“前有大水、广堑、深坑，我欲逾渡，无舟楫之备；敌人屯垒，限我军前，塞我归道，斥堠常戒，险塞尽守，车骑要我前，勇士击我后，为之奈何？”

太公曰：“大水、广堑、深坑，敌人所不守，或能守之，其卒必寡。若此者，以飞江、转关与天潢[1]以济吾军，勇力材士从我所指，冲敌绝阵，皆致其死。先燔[2]吾辎重，烧吾粮食。明告吏士，勇斗则生，不勇则死。已出者，令我踵军设云火[3]远候，必依

草木、丘墓、险阻，敌人车骑必不敢远追长驱。因以火为记，先出者令至火而止，为四武冲阵。如此，则吾三军皆精锐勇斗，莫我能止。”武王曰：“善哉！”

［注释］

①天潢：古代作战渡水用的大船。

②燔：焚烧。

③云火：古时边境报警的烟火。

［译文］

武王说：“倘若面前有大河、宽堑、深坑相阻，我军想要渡过，却并没有准备船只。敌人屯兵筑垒，阻拦我军的前进，截断我军的归路，观察岗哨也戒备森严，险要之地尽在敌手，敌人的战车和骑兵阻拦在前，勇士追击我军后方，我军该如何做呢？”

戏举烽火

“烽火”，又叫“烽燧”，是古代边防报警的两种信号，白天放烟叫“烽”，夜间举火叫“燧”。西周末年，周幽王戏举烽火，戏弄来救驾的诸侯，以博取宠妃褒姒一笑，不久敌人真的进攻了，但烽火已失信于诸侯，周幽王因此丢掉了江山和性命。可见烽火作为凭信在古代战争中的重要性。

太公说：“对于那些大河、宽堑和深坑，敌人基本不会设防，即使设防，兵力也不会有多少。要是这样，可通过飞江，转关辘轳和天潢运渡我军，勇武之士依照既定方向，冲锋陷阵，拼死杀敌。首先烧掉我军的辎重，烧毁我军粮食，然后明示我军将士，勇斗才能生存，怯战就会死亡。已经突出重围，就让我军的后卫部队设置烽火信号相互联络，占据丛林、坟墓和险阻的地势，伏击敌人，这样敌人的战车和骑兵肯定不敢长驱远追了。之所以以烽火为信号，是让先突围的部队赶往有火的地方，然后编成‘四武冲阵’。这样，我方三军将士都精锐善战，再厉害的敌人也无法阻拦我军了。”武王说：“说得真好啊！”

军　略

题　解

“军略”指调度军用器材的谋略，本篇论述的是军事装备的问题，主要说的是在江河密布的地区作战。文章首先强调了战前准备和平时训练的重要性，指出只有准备充分、装备齐全、训练有素者才算得上“王者之兵”。随后，文中又列举了各种情况下可能用到的装备器材，最后得出观点：器材齐备且训练有素，主帅才可无忧。

[原文]

武王问太公曰：“引兵深入诸侯之地，遇深溪、大谷、险阻之水，吾三军未得毕济①，而天暴雨，流水大至，后不得属于前，无舟梁②之备，又无水草之资，吾欲毕济，使三军不稽留，为之奈何？”

太公曰："凡帅师将众，虑不先设，器械不备，教不素信，士卒不习，若此，不可以为王者之兵也。凡三军有大事，莫不习用器械。若攻城围邑，则有轒辒(fén yūn)、临冲③；视城中，则有云梯、飞楼④；三军行止，则有武冲、大橹前后拒守；绝道遮街，则有材士、强弩，冲其两旁；设营垒，则有天罗、武落⑤、行马、蒺藜。昼则登云梯远望，立五色旌旗；夜则设云火万炬，击雷鼓，振鼙(pí)铎⑥，吹鸣笳⑦；越沟堑，则有飞桥、转关辘轳、钼铻；济大水，则有天潢、飞江；逆波上流，则有浮海、绝江⑧。三军用备，主将何忧？"

［注释］

①济：渡，过河。

②梁：架在水上的桥梁。

③轒辒：古代一种军事车辆，用于攻城。下设四轮，上用皮革蒙住，里面可以装下十个人，用来运土填掩壕沟。临冲：两种攻城车辆，临车是以上视下的车辆，冲车用来冲撞城门。

④飞楼：古代攻城用的一种楼车。

⑤武落：虎落，遮护城堡或营寨的竹篱。

⑥鼙：古代军中的一种小鼓。铎：古代乐器名，形状好似大铃，振舌发声。

⑦笳：古代一种竹制管乐器名。

⑧浮海、绝江：古代两种渡河器材。

［译文］

武王问太公说："领兵深入别国境内，如果遇到了深深的溪水、陡峭的峡谷和极难通过的河流，我军还没有全部渡过去，忽然天降暴雨，水势大涨，后面还没有渡过的军队被水阻拦住，既没有船只桥梁，饮水、粮草的供给又很缺乏，面临这种情况，我军想完全渡过河去，不在这里停留过久，应该怎样做？"

太公说："凡是率领军队行动，如果没有事先制订好计划，准备好器械，平时训练还不完善，士卒的动作不熟练，这样算不上王者的军队了。军队大举行动，都离不开对各种器械的熟练应用。比如攻城围邑，就要用到'轒辒''临车''冲车'；侦查城内的情况，就要用到'云梯''飞楼'；军队前进或者是停止，就用'武冲''大橹'在前后掩护；要想断绝交通，阻断街道，就可以让技高、勇敢的兵卒手持强弩，控制两侧；安营扎寨，这要用到'天罗''武落''行马''蒺藜'做好防护；白天可以登上云梯眺望远方，设立五色旌旗传递信息；夜晚就设好烟火、火炬，并且通过击打雷鼓，振动鼙铎，吹响鸣笳来进行沟通指挥；跨越沟壕，就要用到'飞桥''转关辘轳''钼铻'；横渡大河，'天潢''飞江'就可以派上用场；逆流而行，'浮海''绝江'就有了用武之地。如果这些军队常用的器材一应俱全，那么主将还有什么可担忧的？"

临境

题解

“临境”即靠近边境的地方，指军队隔着边境线对垒。本篇论述的是两军对垒时，如何袭扰、拖疲敌军最终战胜敌人的方法。首先要将本方军队分为前、中、后三部分，各司其职：前军修筑工事，做好防守；后军囤积粮草，同时注意隐蔽作战意图；中军则机动灵活，“击其不意，攻其无备”，一战可胜。随后，又论述了如果在敌军对我军的上述战法已经了解的情况下，如何作战的方法。这时的关键是骚扰敌军，派出小股部队不停地挑战，让敌人疲惫不堪，同时再让老弱士卒曳柴扬尘，以虚张声势，然后趁着敌军从上到下都惶惑不定，再全军出动猛攻敌人，将敌人打败。

[原文]

武王问太公曰：“吾与敌人临境相拒，彼可以来，我可以往，阵[1]皆坚固，莫敢先举。我欲往而袭之，彼亦可来，为之奈何？”

太公曰：“兵分三处：令我前军，深沟增垒而无出，列旌旗，击鼙(pí)鼓，完为守备。令我后军，多积粮食，无使敌人知我意。发我锐士[2]潜袭其中，击其不意，攻其无备。敌人不知我情，则止不来矣。”

武王曰："敌人知我之情，通[3]我之谋，动而得我事，其锐士伏于深草，要隘路，击我便处[4]，为之奈何？"

太公曰："令我前军日出挑战，以劳其意；令我老弱曳柴扬尘[5]，鼓呼[6]而往来，或出其左，或出其右，去敌无过百步，其将必劳，其卒必骇。如此，则敌人不敢来。吾往者不止，或袭其内，或击其外，三军疾战，敌人必败。"

［注释］

①阵：指军队列的阵。

②锐士：精锐的部队。

③通：知晓、知道。

④便处：指防守薄弱的地方。便，简单。

⑤曳柴扬尘：拖着柴草乱跑，让尘土四散飞扬起来，好迷惑敌人。

⑥鼓呼：播鼓、呐喊。

［译文］

武王问太公说："我军和敌军在边境上对峙之时，敌军可以对我发起进攻，我军也可以对敌人发起进攻，双方的阵势都很坚固，谁也不敢贸然采取行动。我想前去袭击敌人，又担心敌人前来袭

吴加亮布四斗五方旗

旗是军队荣誉、统一行动的象征。中国从原始社会后期起即以旗帜作为聚集族人的标志。传说黄帝练兵摆阵法，设五旗五麾。图中描述的是《水浒传》中吴加亮布四斗五方旗阵，指点军兵进发的情景。

击我军，应该怎么办？”

太公说：“如果遇到这种情况下，就将我军分成前、中、后三个部分，令前军挖深沟、筑高垒，不要出战，只列旌旗，击鼙鼓，做好充分的战斗准备。令后军多积粮食，不可让敌方知道我方的意图。然后派出精锐部队偷袭敌人后方，出其不意，攻其不备，袭扰敌军。这样敌方便不了解我方情况，也就不敢贸然进攻了。”

武王问：“如果敌人了解了我军的情况，知道了我军的意图，我军一采取行动敌人就已经知道我方的目的，便派出精锐部队埋伏在深草丛中等隐蔽的地方，卡在我方必经的隘路之上，偷袭我方防守薄弱的地方，我方应该如何应对？”

太公说：“令我前军每天出发挑战敌军，让他们的斗志松懈；令我军中老弱的士卒拖动着树枝奔跑，扬起尘土，击鼓呐喊，往来不停，以虚张声势。或者在敌人的右边，或者在敌人的左边，距离敌人在百步之内，这样，在我方的持续骚扰下，敌方的将帅必定精神疲惫，敌方的士卒必定会非常惊恐。如此敌人便不再敢进攻。我军不停地这样骚扰，或者偷袭敌军内部，或者攻击外部，最后，全军猛地发起进攻，敌人必定会被打败。”

动静

题解

“动静”可以理解为动静结合，比如埋伏起来便是“静”，引诱敌人入伏、虚张声势则是“动”。本篇主要论述的是两军对垒之时，如何应用迂回、伏击等战法的问题。伏击是军事领域一种非常常见的战术，打好一场伏击战，对地形地势的要求很高，一定要选在敌人的“死地”设伏。本方的行动也很重要，包括佯动、示弱、诱敌等，都做得足以乱真才能将敌人诱到伏击圈加以歼灭。本篇前半段先是论述两军势均力敌、对手又不知我军情况时战胜敌人的方法，要先将本部军队分散开去，分散在敌军周围虚张声势，让敌人以为自己身陷重围从而军心大乱，本方便可一击制胜。随后又论述了在地势不利于设伏，我方情况又被敌人所掌握的情况下如何应对的办法，应该在和敌人交锋时一触即走，佯装失败，将敌人诱入事先布好的伏击圈，随即和伏兵一起出击，便可战胜敌人。

[原文]

武王问太公曰：“引兵深入诸侯之地，与敌之军相当，两阵相望，众寡强弱相等，未敢先举。吾欲令敌人将帅恐惧，士卒心伤，行阵不固，后阵欲走，前阵数顾[1]，鼓噪[2]

而乘之，敌人遂走，为之奈何？”

太公曰：“如此者，发我兵去寇十里而伏其两旁，车骑百里而越其前后，多其旌旗，益③其金鼓。战合，鼓噪而俱起。敌将必恐，其军惊骇，众寡不相救，贵贱不相待④，敌人必败。”

云长擂鼓斩蔡阳

古代军阵中以击鼓指挥军队前进，鼓声的轻重缓急能调节作战情绪，鼓舞军队士气。重重的擂鼓声就表示要发起冲锋，与敌军交战。图中描绘的是关云长在张飞一通鼓声未落前已将蔡阳的人头砍落的情景。

［注释］

①数顾：总回头看，这里指动摇。

②鼓噪：擂鼓呐喊。

③益：增多。

④待：照顾。

［译文］

武王问太公说：“领兵深入敌国作战，敌我双方势均力敌，两军相对，实力相当，谁也不敢先采取行动。这时我想让敌人上下恐惧悲观，阵势不稳，后边的想要逃跑，前边的也发生了动摇，然后，我军擂鼓呐喊乘势进攻，从而让敌人溃跑，应该怎样做？”

太公说：“要想做到这样，先派出一支部队绕到敌人后方十里的地方，埋伏在道路两旁；再派出一支战车和骑兵部队远出百里，迂回到敌军的大后方，再让各部队多多准备旌旗战鼓。各军同时发动进攻，摇旗擂鼓大声呐喊，这样必然会让敌军将帅恐惧，全军惊骇，导致敌军混乱，自顾不暇，互不救援，为我军所打败。”

［原文］

武王曰：“敌之地势，不可以伏其两旁，车骑又无以越其前后，敌知我虑，先施其备。吾士卒心伤，将帅恐惧，战则不胜，为之奈何？”

太公曰：“微[①]哉，王之问也！如此者，先战五日，发我远候往视其动静，审候其来，设伏而待之。必于死地，与敌相遇。远我旌旗，疏我行阵[②]，必奔其前。与敌相当，战合而走，击金无止[③]。三里而还，伏兵乃起，或陷[④]其两旁，或击其先后。三军疾战，敌人必走[⑤]。”武王曰：“善哉！”

[注释]

①微：深妙。

②疏我行阵：将我军的阵势疏散开来，给敌人造成一种我军军心涣散的错觉。

③击金无止：指不停地敲锣表示退兵，诱敌深入，古代军中用敲锣传达退兵的命令。

④陷：突击，进攻。

⑤走：失败而逃。

[译文]

武王说："如果敌方的地势令我军无法在两旁设伏，我军的车骑又不能迂回到敌人的深远后方，同时敌人又已经掌握我军的意图，事先做好了准备，所以我军士卒悲观，将帅惊恐，即便进攻也不会取胜，这时应该怎么办？"

太公说："大王问的问题真是很微妙、很深刻啊！如果遇到这种情况，那就在发起进攻前的五天就应向四面远出派出人员进行侦察，刺探敌人的动静，判断分析敌军准备发动进攻的征候，预先设下伏兵以逸待劳。一定要选在对敌人最为不利的'死地'和敌人交战。我军的先头部队避免和敌军进行正面交锋，同时将军中的旌旗四散分开，再疏散我军行列的间距，必须要跑在敌军的前面。再与敌军接战，一接触就撤退，故意不停地鸣金表示收兵。后退三里之后再转回头发动反击，这时事先预备好的伏兵也乘机而起，可以冲击敌军的两翼，也可以抄袭敌军的前后，全军将士猛冲猛打，肯定会让敌人大败而逃。"武王说："说得真好啊！"

金鼓

题解

“金鼓”指的是军中用来宣布号令、联系沟通的锣和鼓，军队中严明的戒备少不了这两样东西。本篇论述的是如何加强戒备、防敌夜袭、防守反击，以及在追击敌人时，如何防止陷入敌人伏击的方法。本篇先是论述了在遭遇严寒、酷暑、大雨等极端天气时，更要加强警戒，严为防备，防止敌人趁机袭击。同时，可以趁来犯之敌力尽气竭之际派出精锐部队尾随追击，可获一胜。同时，追击也要小心谨慎，以防敌人使诈，诱我伏击，此时应将追击部队分成三队，尾随敌后，分进合击，在敌人还没有撤到事先布好的伏击圈时便对其发动猛攻，这样可战胜敌人。

[原文]

武王问太公曰：“引兵深入诸侯之地，与敌相当。而天大寒甚暑，日夜霖雨[1]，旬日不止，沟垒悉坏，隘塞不守，斥堠[2]懈怠，士卒不戒。敌人夜来，三军无备，上下惑乱，为之奈何？”

太公曰：“凡三军以戒为固，以怠为败。令我垒上，谁何[3]不绝，人执旌旗，外内

相望，以号相命④，勿令乏音，而皆外向。三千人为一屯⑤，诫而约之，各慎其处。敌人若来，视⑥我军之警戒，至而必还，力尽气怠。发我锐士，随而击之。”

武王曰：“敌人知我随之，而伏其锐士，佯北⑦不止，过伏而还，或击我前，或击我后，或薄⑧我垒。吾三军大恐，扰乱失次，离其处所，为之奈何？”

太公曰：“分为三队，随而追之，勿越其伏。三队俱至，或击其前后，或陷其两旁，明号审令，疾击而前，敌人必败。”

[注释]

①霖雨：连绵的大雨。

②斥堠：指侦查、候望的人。

③谁何：指用口令相互对答，在警戒区内，每人都用暗号口令识别敌我。

④以号相命：通过号令相互联络、传达命令。

⑤屯：聚，这里指一个驻军单位。

⑥视：原本作“亲”，疑误。

⑦北：败退。

⑧薄：逼近、迫近，这里指对敌人发起进攻。

［译文］

武王问太公说：“领兵深入敌国境内，敌我势均力敌，如果赶上严寒、酷暑，或者是连绵十几天的大雨，战壕营垒全部塌毁，险隘关塞也无法坚守，侦察、放哨的人都麻痹、懈怠，士兵们也疏于戒备，如果敌人这时乘夜来袭，我军毫无准备，从上到下都在困惑混乱，对此应该怎样处理？”

太公说：“大凡军队只有戒备森严才能稳固，如果松懈肯定要失败。要让我军的营垒之内，口令呼应之声不绝于耳，执勤的人员手持旗帜，联络营垒内外，通过号令传送命令，金鼓之声不可断绝，士卒要始终面向敌人方向，做好战斗准备。以三千人为一屯，对他们谆谆告诫，严加约束，让他们在守备岗位上万分慎重。如果敌人此时来犯，看到我军戒备如此森严，即便迫近到我军阵前，也会不战而退，这时我方应该趁敌人力尽气竭之时，派出一支精锐部队紧随敌后，对敌人发动猛攻。”

武王说：“如果敌人知道我军要跟踪追击，便事先埋伏下精锐部队，然后假装大败退而不止，当我军追击追到了敌军埋伏的地方时，伏兵四起，这时敌人也会转回头配合伏兵向我反击，或者攻击我军前队，或者攻击我军后队，或者进逼我营军垒，我军因而陷入恐慌，阵脚大乱，纷纷离开自己在阵中的位置，此时应如何应对？”

太公说：“如果遭遇这种情况，就将我军分为三路分开跟踪追击敌人，不可进入敌人的伏击圈，同时要力争在到达敌人的伏击圈前就三队同时追上敌人，有的对敌人的前后进行堵截追击，有的对敌人的两翼进行攻击，还要严明号令，让士卒猛冲猛打，敌人一定会被打败。”

绝道

题解

“绝道”指的是粮道为敌军断绝，这种情况多为突发情况，万分紧急，本篇论述的便是与敌相遇以及行军途中如何应对敌军奇袭的战法。本篇首先强调了地势的重要性，一定要先抢占有利地势，这样才可以使本方营垒稳固。同时，为了防止和敌人相遇而陷入重围，行军时一定要放出远哨，做到敌人情况尽在掌握，同时要以武冲战车为先锋开路，在主力部队身后再设立两支后卫部队，这样可以和主力遥相呼应，避免为敌人所偷袭。

[原文]

武王问太公曰：“引兵深入诸侯之地，与敌相守。敌人绝我粮道，又越我前后[1]，吾欲战则不可胜，欲守则不可久，为之奈何？”

太公曰：“凡深入敌人之地，必察地之形势，务求便利[2]，依山林险阻，水泉林木而为之固，谨守关梁[3]，又知城邑、丘墓[4]地形之利。如是，则我军坚固[5]，敌人不能绝我粮道，又不能越我前后。”

[注释]

①越我前后：指敌人一队迂回到我军侧后方，对我军前后夹击。

②便利：于我军有利。

③关梁：关隘、桥梁。

④丘墓：坟地、墓地。

⑤坚固：防守坚固。

姜维祁山战邓艾

地形是影响战争胜负的因素之一。256年蜀大将军姜维出兵祁山（今甘肃东南），闻邓艾有备，乃改从董亭（今甘肃武山南）攻南安（今甘肃陇西东南）。邓艾则率军抢占武城山（今甘肃武山西南）据险拒守，与之相持。姜维见地利已失，强攻不克，乃于当夜渡渭水东进，沿山路进取上邽。两军战于段谷（今甘肃天水西南）。胡济失期未至。邓艾大败蜀军，蜀军士卒溃散，死伤甚众。可见，占领有利的地形，是夺取战争胜利的前提条件。

[译文]

武王问太公说：“领兵深入敌国境内，与敌军对峙，这时敌人将我军粮道截断了，又分兵迂回到我军后方，对我军进行前后夹击。我想和敌军作战恐怕无法取胜，想防守不出恐怕又不能持久，这时应该怎么办？”

太公说：“凡是深入敌国境内作战，一定要对该地地理形势进行观察，争取占住有利地形，可以依托山林、险阻、水泉、林木等有利地势以稳固阵势，还要严守关隘桥梁，对城邑、丘墓等有利地形了如指掌。这样我军的防守才能坚固，敌人就不能断我粮道，也不能迂回到我军侧后方，前后夹击我军了。”

[原文]

武王曰:“吾三军过大陵、广泽、平易[1]之地，吾候望误失[2]，卒与敌人相薄[3]。以战则不胜，以守则不固，敌人翼[4]我两旁，越我前后，三军大恐，为之奈何?”

太公曰:“凡帅师之法，常先发远候，去敌二百里，审知敌人所在。地势不利，则以武卫为垒而前，又置两踵军于后[5]，远者百里，近者五十里。即有警急，前后相救，吾三军常完坚[6]，必无毁伤。”武王曰:“善哉!”

[注释]

①大陵：高大的山。广泽：宽广的河湖地区。平易：平坦。

②候：侦察兵，哨兵。误失：指盟军失期未到。

③相薄：相迫近，这里指两军狭路相逢、猝然遭遇。

④翼：翼侧，这里指从两旁包抄。

⑤两踵：后军，后续部队。

⑥完坚：完善、坚固的部署。

[译文]

武王说:“我军行军路过大山、水网地带还有平坦地段时，由于我方哨兵的失误，突然遭遇敌军，想进攻又担心不能取胜，想

防守又不能巩固，这时敌人从两侧将我军包围，又在我军前后迂回，我军上下大为恐惧，此时应如何处理？”

太公说：“统军作战的方法都要求我军行军之时，要向前方派出侦察人员，在敌人距离我军还有二百里时，我军就需要彻底了解敌军所在的位置。如果地势对我军行动不利，那么就用武冲战车在前面开路行进，再在后军编两支‘踵军’，和主力的距离远一点可以是一百里，近一点可以是五十里，一旦遭遇紧急情况，前后便可以互相救援。如果我军能够保持住这种完善、巩固的部署，也就不会为敌人所杀伤了。”武王说：“说得真好啊！”

略　地

题　解

“略地”即大片地攻取敌方的土地，这当中必将会遇上敌军死守的坚城，本篇论述的就是围城作战的问题。首先围城就要围彻底，警戒工作要做好，切断敌人粮道，切断敌人和外界的联系。接下来是如何歼敌，可以假留活路，诱使敌人精锐部队出城，然后将前后去路堵死围住，一举全歼，城中的老弱病残则不用再攻，长期围困就可以让其投降了。同时还要注意，攻下城池也不可大肆杀戮，要以仁义待之，以获得民心。

[原文]

武王问太公曰：“战胜深入，略[1]其地，有大城不可下。其别军[2]守险阻，与我相拒，

我欲攻城围邑，恐其别军卒③至而击我，中外④相合，击我表里⑤，三军大乱，上下恐骇，为之奈何？”

太公曰：“凡攻城围邑，车骑必远，屯卫警戒，阻其内外。中人⑥绝粮，外不得输，城人⑦恐怖，其将必降。”

［注释］

①略：抢掠、夺取。

②别军：这里指与守城军照应的另一支部队。

③卒：突然。

④中外：中指的是敌城中的守军，外指的是城外的“别军”。

⑤表里：外面和里面。

⑥中人：这里指被围困在城中的敌军。

⑦城人：这里城中的军民。

石头城图

石头城在今南京西清凉山上，三国时孙吴就石壁筑城戍守，称石头城。这里地势险峻，自古就有“石城虎踞”之称。本篇阐述了攻打城邑的作战方法，若方法得当，战计精奇，“石城虎踞”也可攻而克之。

［译文］

武王问太公说：“乘胜追击深入敌国境内，占领敌国的土地，还有一座大城仍在敌国手中。在城外还有一支敌军在坚守险塞，和我军相

持部下。我想围攻大城，又担心城外那支敌军趁机偷袭我，城中的守军再予以呼应，内外夹击我军，我军必定大乱，上下大骇，这时应该怎样做？”

太公说：“凡是在攻城围邑时，就应该将战车、骑兵部署在离城较远的地方，担任守卫和警戒的任务，阻断城内敌人和外面的敌人的联系。这样时间长了，城中粮食缺乏，外面的粮食又运不进来，城中的军民就会发生恐慌，这样守城的将领只好投降。”

［原文］

武王曰：“中人绝粮，外不得输，阴[1]为约誓，相与密谋，夜出穷寇死战，其车骑锐士，或冲我内，或击我外，士卒迷惑，三军败乱，为之奈何？”

太公曰：“如此者，当分军为三军，谨视地形而处。审知敌人别军所在，及其大城别堡[2]，为之置遗缺之道[3]，以利其心，谨备勿失。敌人恐惧，不入山林，即归大邑，走其别军。车骑远要其前，勿令遗脱。中人以为先出者得其径道，其练卒材士必出，其老弱独在。车骑深入长驱，敌人之军必莫敢至。慎勿与战，绝其粮道，围而守之，必久其日。无燔人积聚[4]，无坏人宫室，冢树社

从[5]勿伐，降者勿杀，得而勿戮，示之以仁义，施之以厚德，令其士民曰：'罪在一人[6]。'如此，则天下和服[7]。"武王曰："善哉！"

［注释］

①阴：暗中，暗地里。

②大城别堡：指被我军所围城池附近的敌国大城市和堡垒。

③置：留出，准备。遗缺之道：这里指逃跑的道路。

④燔：焚烧。积聚：这里指粮食。

⑤冢树：坟地中的树木。社丛：社神庙旁边的树林。社，古代祭祀神灵的地方。

⑥罪在一人：意思是所有的罪恶都是敌国君主一人的，与普通百姓没有关系。

⑦和服：心悦诚服。

［译文］

武王问："城中的敌人断了粮，城外的粮食运不进来，这时敌人密谋准备突围，乘夜出城以命相搏，用车骑精锐部队对我军的营内营外发动冲击，导致我军士卒惶惑，全军大败，我应该如何应对？"

太公说："如果遇到这种情况，就应该将我军分成三队，谨慎地选择地形屯驻部队。首先，将敌军城外部队的状况，还有附近的大城池、堡垒的情况，然后在围城的包围圈中被围的敌人虚留一条道路，诱使敌人外逃，一定要小心谨慎，不能让敌人逃出去。被围的敌人心怀恐惧，不是想逃进深山密林，就是

想逃到别的大城池去，或者去投靠城外的‘别军’。分出一支战车和骑兵部队在距城池较远的地方将敌人突围的先头部队拦截住，不让他们脱出包围圈去。这时守城的敌军就会做出错误判断，以为他们的先头部队已经突围成功，已经将突围道路打通，城中的精锐士卒肯定会继续从突围，留在城中的只有老弱残兵了。这时我军出动战车和骑兵深入长驱，敌人一定不敢再继续突围，这时我军也不必急于进攻，只要将敌人粮道断绝，围城而不打，时间一长，敌人就会束手就擒。攻克敌军城池以后，不可焚烧粮食，不可毁坏房屋，坟地里、里社旁的树木都不可砍伐，已经投降的就不要杀戮，被俘的敌人也不可虐待，要以仁义对待敌国人民，施与他们恩德，再对敌国士民宣告：‘所有的罪责都是无道君主一人的，与百姓无关。’这样，天下人都会对您心悦诚服。”武王说：“说得真好啊！”

火　战

题　解

“火战”，即在深草及灌木丛林地带作战时，应对敌人火攻的方法。首先要加强警戒，利用云梯飞楼等眺望远处，一旦发现敌人放火，便提前将本方前后的茂草点着，烧成“黑地”，构成一道隔火带，同时在左右两翼部署强弩猛士材士，抵御敌人的火攻。如果敌人穿过黑地，我军则以“四武冲陈”应对，以强弩射住两翼，即便不能取胜，也不会失败。应该说明的是，本篇中论述的方法是我军陷入敌人包围时，如何应对敌人火攻的战术，具有防御的属性。同时敌人发动火攻必定抢占上风，而我军则处于被动的下风，此时如果以火攻对火攻，可能存在烧及自己的风险。

[原文]

武王问太公曰："引兵深入诸侯之地，遇深草蓊(wěng)秽①，周吾军前后左右，三军行数百里，人马疲倦休止。敌人因天燥疾风之利，燔吾上风，车骑锐士坚伏吾后，吾三军恐怖，散乱而走，为之奈何？"

太公曰："若此者，则以云梯、飞楼远望左右，谨察前后。见火起，即燔吾前而广延之②，又燔吾后。敌人若至，则引军而却，按黑地③而坚处。敌人之来，犹在吾后，见火起，必还走。吾按黑地而处，强

赤壁纵火

东汉建安十三年（208）十一月，孙刘联军与曹军对峙于赤壁。十一月西北风盛行，东风很少，曹操于是轻率地将战船首尾相连，结为一体，以利演练水军，伺机攻战。诸葛亮预见东风，周瑜便采纳部将黄盖所献火攻计，致书曹操诈降，择时率艨艟斗舰乘东风驶入曹军水寨纵火。曹军船阵被烧，火顺势延及岸上营寨，孙刘联军乘势出击，曹军死伤过半，曹操遂率部北退。这是历史上有名的火攻而胜的战例。

弩材士④卫吾左右，又燔吾前后。若此，则敌不能害我。”

武王曰：“敌人燔吾左右，又燔吾前后，烟覆⑤吾军。其大兵按黑地而起，为之奈何？”太公曰：“若此者，为四武冲阵，强弩翼吾左右，其法无胜亦无负。”

［注释］

①蓊秽：杂草茂盛的样子。蓊，草木茂盛的样子。秽，田中多杂草，荒芜的样子。

②即燔吾前而广延之：敌人在我军前方放火，我军则也立刻在前方放火，并让其朝前烧去，这样便将前方的草烧没了，敌人放的火烧到这里也就灭了。

③黑地：大火烧过后的土地。

④材士：勇武的人。

⑤烟覆：烟尘笼罩。

［译文］

武王问太公说：“领兵深入敌国境内，穿行在茂密的草丛当中。我军已经行军几百里地，人困马乏，急需宿营休息。这时敌人趁着天干风紧，在我军上风头放火，敌军的战车、骑兵等精锐部队又埋伏在我军的后方，我军顿时陷入恐慌，散乱逃跑，应当如何应对？”

太公说：“在草地宿营，一定要竖起云梯、飞楼，登高眺望前后左右情况，一旦发现敌人在我军上风放火，就顺着风向在离我

军较远的前方也放起火来，扩大火焚面积。同时在我军的后方也放起火来，烧出一块‘黑地’，如果敌人对我军发动进攻，我方就可以将军队撤到这块黑地上坚守。准备围攻的敌人这时还在我军后方，看到火起就会退走。我军在黑地上布阵，在两翼部署勇士强弩加以掩护，随后又放火将我军阵地前后的树木草丛都烧干净，这样如此，敌人就不能再袭击我军了。”

武王问：“如果敌人既在我军的左右放火，又在前后放火，导致我军为浓重的烟雾所笼罩，而敌军趁机通过燃烧过的黑地对我军发动袭击，我军应当如何应对？”太公说：“如果遇到这种情况，可命我军布成‘四武冲阵’，以强弩掩护左右两翼，这种办法即便不能取胜，也不会失败。”

垒虚

题解

“垒虚”，垒指营垒，虚为虚实，本篇论述的是对敌军的营垒虚实和行动进行侦察的方法。对敌军营垒、士卒的情况进行观察以判断敌情，并针对这一敌情做出相应的决策，这是作战指挥的起码要求。本篇先是强调了为将帅者的必备素质，那就是“上知天道，下知地理，中知人事”。随后又介绍了一个观察敌情的基本方法，即登高远望敌营。为将者应该具备超凡的逻辑分析能力，可以将观察得来的信息加以汇总分析联想，得出正确的结论，随后做出正确的决策，就像本篇中介绍的那样，根据敌营中寂静无声、飞鸟不惊、又没有烟尘浮空，便判断此营为假营。

［原文］

武王问太公曰："何以知敌垒之虚实，自来自去？" 太公曰："将必上知天道，下知地利，中知人事。登高下望，以观敌之变动。望其垒，即知其虚实。望其士卒，则知其去来。"

武王曰："何以知之？" 太公曰："听其鼓无音，铎无声，望其垒上多飞鸟而不惊，上无氛气①，必知敌诈而为偶②人也。敌人卒去不远，未定而复反者，彼用其士卒太疾③也。太疾则前后不相次④，不相次则行阵必乱。如此者，急出兵击之，以少击众，则必胜矣。"

［注释］

①氛气：尘烟。

②偶：指用土木或稻草做成的、用以诱敌的假人。

③疾：同"急"。

④相次：连贯，连接，一个接一个。

［译文］

武王问太公说："如何才能知道敌人营垒的虚实还有敌军调动

军中登城楼

要知道敌军营垒的虚实和调动，就要登高眺望敌营垒，以观察敌军的动静。这就是所谓的“登高下望，以观敌之变动。望其垒，即知其虚实。望其士卒，则知其去来”。

的情况？”太公说：“为将者，要做到上知‘天道’，下知‘地理’，中知‘人事’。登高远眺敌军的营垒，便可观察敌军的动静。眺望敌人的营垒，可以知道敌人内部的虚实。观察士卒的动态，可以知道他调动的状况。”

武王问：“怎样才能知道呢？”太公说：“如果没有听到敌人的鼓声和铎声，眺望敌营垒之上，又有很多盘旋飞鸟一点都不惊惧，空中也没有飞扬的尘烟，那么这一定是一座空营，里面只有一些假人。如果敌人仓促撤退没多远，还没有停下来就有又返回来的，这表明敌人军队调动军队过于忙乱。过于忙乱，前后就没有了秩序，没有秩序，阵势就会陷入混乱。如果遇到这种情况，我军可以迅速出动进攻，即便是以少击众，也一定会取得胜利。”

豹韬

林战

题解

“林战”即在林地中作战，本篇论述的是在林地中作战应遵循的原则。首先要做好防御措施，合理调配“弓弩”“戟楯”等兵器，同时将附近草木砍伐，扫清作战的障碍，军中保持联络通畅，不可被敌人侦查到情况。作战时将矛戟手编成小组作为攻击主力，如果林地树木稀疏，则以骑兵为辅，战车在前，发现战机则迅猛出击。如果林地多险阻，则要结成“四武冲阵”，防备敌人偷袭。此外，作战力求速战速决，同时各个分队要轮流作战、休息，保持充沛的体力，这样方可战胜敌人。

［原文］

武王问太公曰：“引兵深入诸侯之地，遇大林，与敌分林[1]相拒，吾欲以守则固，以战则胜，为之奈何？”

太公曰：“使吾三军分为冲阵[2]，便兵所处，弓弩为表，戟楯[3]为里。斩除草木，极广吾道，以便战所。高置旌旗，谨敕(chì)[4]三军，

无使敌人知吾之情，是谓林战。林战之法，率吾矛戟，相与为伍⑤，林间木疏，以骑为辅，战车居前，见便则战，不见便则止。林多险阻，必置冲阵，以备前后。三军疾战，敌人虽众，其将可走。更战更息⑥，各按其部，是为林战之纪⑦。”

[注释]

①分林：敌我双方各占据一部分树林对峙着。

②冲阵：利用战车冲击的阵势。

③戟楯：即“戟盾”，戟和盾牌，两种兵器。

④谨敕：严格约束。

⑤伍：古代军队的一个编制单位，五人为一伍。

⑥更战更息：士兵们交替着战斗和休息。

⑦纪：原则，规则。

[译文]

武王问太公说：“领兵深入敌国境内，在一片大树林中和敌人遭遇，各占一部分对峙，我想做到坚固的防御，想做到能取胜的进攻，应该怎样做？”

太公说：“我军列‘四武冲阵’，部署在有利于作战的地方，弓弩在外，戟盾在内。将附近的草木通通砍伐掉，保持道路畅通，好方便战斗。高悬旗帜，以保持联络通畅，对手下兵将严格约束，不让敌人了解我军情况，这些就是在林地中作战应遵守的原则。

林地作战的方法如下：将我军手持矛戟的士兵编成小分队，在树林中树木较为稀疏的地方，以骑兵辅助作战，将战车部署在最前面，发现有利的战机就打，没有则不打。如果林中地势较为险恶，那就要结成‘四武冲阵’，防止敌人袭击我军前后。作战时全军一定要迅速投入战斗，敌人即便人数众多，也可被我战胜打败，其将领大败而逃。部队要轮流作战、休息，按照各自的编组各司其职，这是在林地中战斗所应遵守的原则。”

突　战

题解

“突战”即突围之战，本篇论述的是城池为敌军所包围时如何作战的问题。首先论述了如何应对敌军兵临城下的突击部队的战法，针对敌军长驱直入必定粮草不多的弱点，我军应联络别处部队，约定时日对围城之敌实行内外夹击，一战可胜。如果敌人分路来袭，一部分已攻至城下，而主力尚未到来之时，首先要准备充分，严阵以待，同时在城外设置伏兵，敌人到来时则派出小股兵力诱敌，将敌人诱至城下，这时城外伏兵和城中守军同时出击，可将敌军消灭。

[原文]

武王问太公曰：“敌人深入长驱，侵掠我地，驱我牛马，其三军大至，薄我城下。吾士卒大恐，人民系累[1]为敌所虏。吾欲以

守则固，以战则胜，为之奈何？”

太公曰：“如此者，谓之突兵②。其牛马必不得食，士卒绝粮，暴击③而前。令我远邑别军④，选其锐士，疾击其后。审其期日⑤，必会于晦⑥。三军疾战，敌人虽众，其将可虏。”

［注释］

①系累：拘禁、絷缚。

②突兵：担任突击作战任务的部队。

③暴击：突击，勇猛地向前冲。

④远邑别军：我军驻扎在别处城池的部队。

⑤审：计划。期日：约定的日期。

⑥晦：古代历法中称阴历每月的最后一天为晦。这天夜晚，月光全无。

下邳城曹操鏖兵

在被敌人围攻的情况下要取得守城战的胜利，需要两个条件：一是城内部队顽强防守，争取时间，使攻城敌军疲惫；二是必须有外援。汉献帝建安九年（204）曹操统军进攻袁绍势力重镇邺城，采取切断邺城内外联系，孤立邺城的策略，使邺城在被围三个月后最终弹尽粮绝，不得不缴械投降。

［译文］

武王问太公说：“敌军深入我国境内，长驱直入，侵占我国的土地，抢掠我国的牛马，其兵临我方城下，我军士卒内心恐惧，人民被敌军拘禁做了俘虏。在这种情况下，我想做到坚固的防守，想实施可以获胜的战斗，应该怎样做？”

太公说：“这样的敌军是敌军中担任突击任务的部队，其军中牛马必然缺乏饲料，士卒也会缺少粮食，所以只能拼死向我军进攻。这时我军应命令我军在城外远方的军队，挑选精锐迅速对敌军的后方发起袭击。一定详细准确地制定好作战时间，一定要选在月黑风高时，以利于我军主力配合作战。我军上下猛烈地对敌发起进攻，敌人虽多，我军也可以将其打败，俘虏其将。”

［原文］

武王曰：“敌人分为三四，或战而侵掠我地，或止而收我牛马。其大军未尽至，而使寇薄我城下，致吾三军恐惧，为之奈何？”

太公曰：“谨候敌人未尽至，则设备而待之。去城四里而为垒，金鼓旌旗皆列而张。别队为伏兵。令我垒上多积强弩，百步一突门[1]，门有行马[2]，车骑居外，勇力锐士隐伏而处。敌人若至，使我轻卒合战而佯走。令我城上立旌旗，击鼙(pí)鼓，完为守备。敌人以我为守城，必薄我城下。发吾伏兵，以冲其内，或击其外。三军疾战，或击其前，或击其后。勇者不得斗，轻者不及走，名曰‘突战’。敌人虽众，其将必走。”武王曰：

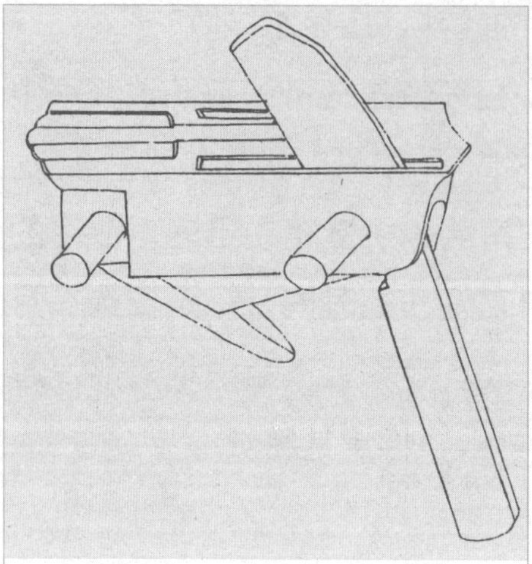

汉弩机

弩也被称作"窝弓""十字弓"，是古代用来射箭的一种兵器。它是一种装有臂的弓，主要由弩臂、弩弓、弓弦和弩机等部分组成。虽然弩的装填时间比弓长很多，但是它比弓的射程更远，杀伤力更强，命中率更高，对使用者的要求也比较低，是古代一种具有很大威力的远距离杀伤武器。

"善哉！"

［注释］

①突门：在城墙或垒壁上预先开设的暗门，方便部队突然出击。一般是从城墙内侧向外侧挖，但是并不挖透，留四五寸的薄墙，防止敌人发现。部队出击时再将薄墙推倒，由此冲出。

②行马：放在门前阻拦敌军通行的木架子。

［译文］

武王说："敌军分成几部分，有的大肆攻取侵占我国的土地，有的驻留下来掠夺我国的牛马。敌军的主力还没有完全到达，而以一部分兵力进逼我军城下，导致我军上下恐惧不已，我此时应该如何处理？"

太公说："应该仔细了解敌情，在敌人还没有完全到达之前就做好战斗准备，严阵以待。在离城四里的地方构筑营垒，大张旗鼓，此外再派一部分兵力埋伏在此。营垒之上多多部署强弩，每隔百步设一突门，门外布设行马，战车、骑兵等也部署在营垒外面，劲勇的士兵埋伏在里面。敌人如果到来，我军便派出小股部队和敌接战便佯败退。这时我军城上大张旗帜，猛击鼙鼓，也作好防守的准备，这时敌人便会误以为我军主力全在城中守城，必然逼近城下。这时我军伏兵突然出动，对敌人阵中阵外猛冲猛打，这

时我军主力也勇猛出击，对敌军的前后进行攻击，使敌人中勇战的也抵抗不住，轻装的也来不及逃跑，这种战法叫作‘突战’。敌人虽然多，也将为我军战败，其将领大败而逃。”武王说：“说得真好啊！”

敌　强

题　解

所谓“敌强”指的是敌人势力较本方强大。本篇论述的是在敌强我弱的情况下，如何应对敌人趁夜偷袭的战法。本篇先阐明观点，敌强我军宜攻不宜守，应当选择精兵强将，以轻骑为两翼，对来袭的敌人前后内外发动猛攻。如果我军已经陷入敌人包围，部队即将溃败，主帅应先是“明号审令”，提升全军士气，再选精锐部队，大造声势，以弱示强，摸清敌情，再向敌人发动猛攻，即可破敌。

[原文]

武王问太公曰：“引兵深入诸侯之地，与敌人冲军[1]相当，敌众我寡，敌强我弱，敌人夜来，或攻吾左，或攻吾右，三军震动。吾欲以战则胜，以守则固，为之奈何？”

太公曰：“如此者，谓之‘震寇’。利以出战，不可以守。选吾材士强弩，车骑为左

右，疾击其前，急攻其后，或击其表，或击其里，其卒必乱，其将必骇。”

武王曰：“敌人远遮我前，急攻我后，断我锐兵，绝我材士，吾内外不得相闻，三军扰乱，皆败而走，士卒无斗志，将吏无守心，为之奈何？”

太公曰：“明哉，王之问也！当明号审令，出我勇锐冒将②之士，人操炬火③，二人同鼓，必知敌人所在，或击其表，或击其里。微号④相知，令之灭火，鼓音皆止，中外相应，期约皆当。三军疾战，敌必败亡。”武王曰：“善哉！”

[注释]

①冲军：承担突击作战任务的部队。

②冒将：勇猛。

③炬火：火炬、火把。

④微号：暗号。

[译文]

武王问太公说：“领兵深入敌国境内，遭遇敌人突击部队，敌众我寡，敌强我弱，而敌人又趁着黑夜来偷袭，对我军的两翼发起攻击，我军震动。我想做到进攻胜利，防守牢固，应该怎样做？”

太公说："这样的敌人，被称为'震寇'。我军出战有利，不宜防守。要挑选士兵中的勇猛之辈手持强弩，左右两翼为战车、骑兵，对敌人的正面发起迅猛攻击，猛烈袭击敌人的后方，或者攻击敌人的阵外，或者攻入敌人阵中，敌军必然陷入大乱，敌军的将帅也会惊惶失措。"

武王说："敌人在远处对我军的前部进行阻截，又猛烈攻击我军的后方，将我军精锐的救兵阻拦在外，阻绝我军勇武之士前往救援，导致我军内外失去联系，全军陷入混乱，人人四散逃走。士卒都没有斗志，将吏也无心固守，此时应该如何是好？"

太公说："君王您提出的问题真是高明啊！在这种情况下，我军首先应该明确发出的号令，挑选出我军勇猛精锐的士卒，让每人都手持火炬，二人同击一鼓，这样便可以探知敌人的准确位置，然后调度部署军队，有的对敌人的外围发动攻击，有的冲杀到敌人内部。我军上下通过暗号相互识别，然后扑灭火炬，停止击鼓，内外策应，全部按事先计划准确执行。我军迅猛作战，敌人必定败亡。"武王说："说得真好啊！"

敌　武

题　解

"敌武"指的是敌军勇猛，敌众我寡。本篇论述的便是突然遭遇强大敌人时的战法。敌人强大，又出动战车和骑兵将本方两翼包围，此时一旦处理不当可能就是全军覆没。要想战胜强敌，就要选择一埋伏地点，将猛士强弩埋伏在两侧，同时再将战车骑兵布列成坚固的防守阵形，如果敌人追击而至，便伏兵四起，射其两翼，再出动战车、骑兵等精锐部队冲击敌军，可挽回败局。

[原文]

武王问太公曰：“引兵深入诸侯之地，卒遇敌人，甚众且武[1]，武车骁骑绕我左右，吾三军皆震，走[2]不可止，为之奈何？”

太公曰：“如此者，谓之‘败兵’。善[3]者以胜，不善者以亡。”

败走华容道

曹操在夺取荆州后，马不停蹄地率领二十多万水陆大军顺江东下，计划一举消灭刘备和孙权，实现统一全国的宏愿，可是他被胜利冲昏了头脑，骄傲轻敌，结果被孙刘联军火烧赤壁，仓皇溃逃，败走华容道。

[注释]

①武：勇猛，猛烈。

②走：逃跑，败走。

③善：这里指善于用兵打仗。

[译文]

武王问太公说：“领兵深入敌国境内，猝然遭遇敌人，敌人在数量上超越我军而且都是勇猛善战之辈，他们出动厉害的战车和骁勇的骑兵将我军两翼包围，我军震骇，四散奔逃，无法阻挡，此时应该怎么办？”

太公说：“这样的军队叫作‘败兵’。处理好了便可以取胜，如果处理得不好就会败亡。”

[原文]

武王曰：“用之奈何？”太公曰：“伏我材士强弩，武车骁骑为之左右，常去前后三里。敌人逐我，发我车骑，冲其左右，如此，则敌人扰乱，吾走者自止。”

武王曰：“敌人与我车骑相当，敌众我少，敌强我弱，其来整治①精锐，吾陈不敢当②，为之奈何？”太公曰：“选我材士强弩，伏于左右，车骑坚阵而处。敌人过我伏兵，积弩③射其左右，车骑锐兵疾击其军，或击其前，或击其后。敌人虽众，其将必走。”武王曰：“善哉！”

[注释]

①整治：整齐。

②不敢当：抵挡不住。

③积弩：连弩，一种由若干张弩排连一起的设置，用机栝控制，可连续发射。

[译文]

武王说：“那么具体该怎样做？”太公说：“将我军的强弩勇

士埋伏起来，再在他们的左右部署上威力大的战车和骁勇的骑兵，将伏击的区域选在距离我军主力前后约三里地的地方。敌人如果追击，那么我军的战车、骑兵便出动，对敌军的两翼展开冲击。这样敌人就会陷入混乱，我军那些逃跑的士卒就不再逃了。”

武王说：“我军的战车、骑兵遭遇敌军，敌众我寡，敌强我弱，敌军阵势整齐，又都是精兵强将，我军势弱难以抵挡，此时应当怎么办？”太公说：“挑选我军中的勇猛之士手持强弩埋伏在两旁，再将战车骑兵布成坚固的阵势严加防守。如果敌人通过我军埋伏的地方，我军便向敌军两翼发射密集的弩箭，再出动战车、骑兵和精锐的士兵对敌人发动猛攻，可以攻击敌军的正面，也可以进攻它的后方，敌军即便人多势众，也必定会被我军打败。”武王说：“说得真好啊！”

鸟云山兵

题 解

“鸟云”指的便是“鸟云之阵”，山指的是作战的地点。本篇论述的是在山地作战时如何防御的战法。本篇先指出部队驻扎在山顶、山下的弊端，随后又指出解决之道：布成鸟云之阵，任何一个方向都不可松懈，都要严加戒备，同时用战车将交通要道和谷口阻绝，军中上下保持联络，严阵以待，随时准备投入战斗。这样，牢不可摧的“山城”便形成了，敌人发动进攻也可以将其击败。

［原文］

武王问太公曰：“引兵深入诸侯之地，

遇高山磐石[①]，其上亭亭[②]无有草木，四面受敌，吾三军恐惧，士卒迷惑。吾欲以守则固，以战则胜，为之奈何？”

太公曰：“凡三军处山之高，则为敌所栖[③]；处山之下，则为敌所囚[④]。既以被山而处，必为鸟云之阵[⑤]。鸟云之阵，阴阳皆备，或屯其阴，或屯其阳。处山之阳，备山之阴；处山之阴；备山之阳；处山之左，备山之右；处山之右，备山之左。其山敌所能陵[⑥]者，兵备其表。衢(qú)道通谷，绝以武车，高置旌旗，谨敕(chì)三军，无使敌人知吾之情，是谓山城。行列已定，士卒已阵，法令已行，奇正已设，各置冲阵于山之表，便兵所处，乃分车骑为鸟云之阵。三军疾战，敌人虽众，其将可擒。”

[注释]

①盘石：巨石。

②亭亭：山峰高耸直立的样子。

③栖：原意是鸟类歇宿在树上，这里指处在山顶，为敌所逼，下不来了。

占对山黄忠以逸待劳

刘备派黄忠攻打定军山，夏侯渊固守不战。黄忠占领对山，激夏侯渊出战，自己反客为主，以逸待劳将夏侯渊斩杀。这是山地战中，利用战术智谋战胜强敌的例子。

④囚：囚禁，围困。

⑤乌云之阵：阵型名，好似乌群聚散无常，时分时合。

⑥陵：攀登。

［译文］

武王问太公说："领兵深入敌国境内，遇到巨石横生的高山，山峰高耸，上面没有草木，我军四面受敌，全军上下万分恐惧，士兵惶恐不安。我想做到稳固的防守，或者实施可以获胜的进攻，应该怎样做？"

太公说："但凡军队占据山顶，就很容易被敌人隔绝住，想要下山很困难；处在山麓，也容易被敌人包围囚禁，不得自由。我军如果在山地作战，那就一定要布成乌云之阵。所谓乌云之阵，就是在部署军队时，山南山北各个方向都要加以戒备，既要在山的北面加以防守，又要在山的南面布下兵力。军队驻扎在山的南面，就要严加戒备山的北面；驻扎在山的北面，就要戒备山的南面。驻扎在山的左面，就不可放松对山的右面的戒备；驻扎在山的右面，也不可放松对山的左面的防备。只要是敌人可以攀登上来的地方，就要派兵严守。交通要道还有可以通行的谷地，要用战车加以阻绝，旗帜高挂以保持联络，号令三军不可松懈，不可让敌人侦察到我军情况，在军队驻扎的山地布下坚固的防御，这叫作'山城'。部队的行列已经排定，作战的士卒已经列好阵，严明的法令已经颁布，奇正的方略已经确定，各部队都已经编成了‘冲阵’，部署比较突出的高地，有利于作战的地方，再把战车、骑兵也布成乌云之阵。当敌人发动进攻时，我军迅猛战斗，即便敌军人数上占优，也必然为我军所打败，其将领也被我军俘获。”

鸟云泽兵

题解

“鸟云”指的是“鸟云之阵”，“泽”指大河，本篇论述的便是临河而战的原则和方法。和敌人“临水相拒”，在敌众我寡、我军又钱粮紧缺的情况下，我军应尽快寻机欺诈敌人，主力则抽身而走，同时在身后布置一部分伏兵，防止敌人追击。如果敌人识破本方有诈，只是派小股先遣部队渡河时，我军则要布成“鸟云之阵”迎敌，先对敌军渡河部队给予猛烈攻击，然后等敌人主力部队渡河相救时，再出动伏兵和车骑猛攻，必将战胜敌人。

［原文］

武王问太公曰：“引兵深入诸侯之地，与敌人临水相拒，敌富而众，我贫而寡。逾水击之则不能前，欲久其日则粮食少。吾居斥卤之地[1]，四旁无邑，又无草木，三军无所掠取，牛马无所刍牧[2]，为之奈何？”太

公曰：“三军无备，牛马无食，士卒无粮。如此者，索便诈敌而亟[3]去之，设伏兵于后。”

武王曰：“敌不可得而诈，吾士卒迷惑，敌人越我前后，吾三军败乱而走，为之奈何？”太公曰：“求途之道，金玉为主[4]，必因敌使，精微为宝[5]。”

［注释］

①斥卤之地：指盐碱地带，这里指荒芜、贫瘠的地方。斥，指土地含过多的盐碱。卤，即盐。

②刍牧：割草放牧。

③索便：寻找机会。诈：欺骗。亟：迅速、赶快。

④金玉为主：以金玉财宝作为欺诱敌人的主要手段。

⑤精微为宝：这里指谋划或行动时，一定要做到精细机密。

［译文］

武王问太公说：“领兵深入敌国境内，与敌军隔河对峙，敌人钱多粮足，兵力充足，我军却缺钱少粮，兵力寡少。我想渡河对敌军发动进攻但是却做不到；我想囤积在这里拖延时日，但是却因为缺少粮食而无法持久。另外我军所处之地荒芜贫瘠，附近既没有城池也没有草木，我军无处可掠取物资，又无处可放牧牛马，该如何应对这种状况？”太公说：“军备不足，牛马缺乏饲料，士卒无粮可食，如果遭遇这种情况下，就应该找一个机会蒙骗住敌人后迅速转移，并在身后设置伏兵，防止敌人追击。”

武王问：“如果敌人不上当，没有受我军的欺骗，我军的士卒又惶惑不安，敌人已经进到我军前后，我军溃散败退，此时该如何是好？”太公说：“这时求生最好的方法就是将金玉财宝暴露给敌人，引诱敌人前来抢夺而不再追赶，同时还要贿赂敌军的使者，这些事必须做得精密细致，万不可被敌人所察觉。”

［原文］

武王曰：“敌人知我伏兵，大军不肯济，别将分队以逾于水，吾三军大恐，为之奈何？”

太公曰：“如此者，分为冲阵，便兵所处。须①其毕出，发我伏兵，疾击其后，强弩两旁，射其左右，车骑分为鸟云之阵，备其前后，三军疾战。敌人见我战合，其大军必济水而来。发我伏兵，疾击其后，车骑冲其左右，敌人虽众，其将可走。凡用兵之大要，当敌临战，必宜冲阵，便兵所处，然后以车②骑分为鸟云之阵，此用兵之奇也。所谓鸟云者，鸟散而云合，变化无穷者也。”武王曰：“善哉！”

［注释］

①须：等到，等待。

②车：原本作“军”，疑误。

［译文］

武王问："敌人已知我有伏兵，军队主力不肯渡河，只派小股部队渡河，我军大为惶恐，该如何应对？"

太公说："如果遇到这种情况，就将军队结成'四武冲阵'，部署在地势有利的地方，等到敌人的小股部队渡过河以后，出动伏兵，对其后侧发动猛烈袭击，用强弩射击敌人的两翼。我军的战车、骑兵要布成'乌云之阵'，对前方和后方都严加戒备，使我军可以迅猛投入战斗。敌军主力见我军进攻其渡河的小部队，必然会渡河前来，这时我方再出动伏兵猛烈袭击敌人的侧后，战车、骑兵出动对敌军的两翼发起冲击，这样即便敌军数量上占优，也必定会为我军打败，其将必逃。用兵主要原则有这样一条：当和敌人进行战斗之时，一定要布成'四武冲阵'，部署在地势有利于作战的地方，然后将战车和骑兵结成'乌云之阵'，这便是出奇制胜之道。所谓'乌云'，意思就是阵行犹如众鸟飞散、流云汇合，时聚时散，变化无穷。"武王说："说得真好啊！"

少众

题解

"少众"即"敌众我寡"，本篇论述的便是以少击众、以弱胜强的战法。既然实力上不占优，那就一定要以奇用兵，出奇制胜，对天时、地利等有利条件加以充分利用，比如本篇开始介绍的，可以利用夜暗、草丛、险隘等条件，对敌人进行伏击，同时，文中又指出，要想做到以弱击强，一定要获得大国、邻国的支持。如果这些条件暂时都不具备，那就应该努力创造条件，比如虚张声势，诱使敌军经过我军可以伏击的地方，还要大肆开展外交活动，以得到别国的支持，此时便可以达到以少击众、以弱胜强。

［原文］

武王问太公曰：“吾欲以少击众，以弱击强，为之奈何？”太公曰：“以少击众者，必以日之暮，伏于深草，要之隘路；以弱击强者，必得大国而与①，邻国之助。”

武王曰：“我无深草，又无隘路，敌人已至，不适日暮。我无大国之与，又无邻国之助，为之奈何？”太公曰：“妄张②诈诱，以荧惑③其将，迂其道，令过深草，远其路，令会日暮④。前行未渡水，后行未及舍⑤，发我伏兵，疾击其左右，车骑扰乱其前后。敌人虽众，其将可走。事⑥大国之君，下⑦邻国之士，厚其币⑧，卑其辞⑨，如此，则得大国之与、邻国之助矣。”武王曰：“善哉！”

［注释］

①与：援助，支持。

②妄张：指虚张声势。

③荧惑：使人迷惑，炫惑。

④暮：原本作“路”，疑误。

⑤舍：住宿，休息。

⑥事：服侍。

⑦下：谦恭待人。

⑧厚其币：多送礼品。币，泛指用做礼物的马、皮、玉、帛等。

⑨卑其辞：言辞谦逊。

官渡战袁绍

建安四年（199）六月，袁绍挑选精兵十万、战马万匹，南下进攻许昌。袁绍、曹操双方军队对峙官渡，袁绍在兵力上远胜于曹操，曹操声东击西，分散其兵力，进而自己集中兵力，分而击之，各个击破，斩颜良、夺乌巢、烧粮草，致使袁绍军心大乱，大败而归。曹操此战以少击众，以弱胜强。

［译文］

武王问太公说：“我想做到以少击众，以弱击强，应该怎样做呢？”太公说：“要想做到以少击众，就一定要选择太阳落山这个时刻，将部队埋伏在草深林密的地方，在隘路上对敌人发动袭击。要想做到以弱击强，一定要有大国的支持，邻国的援助。”

武王说：“如果我军即没有草深林密的地方可以设伏，又没有适合截击的隘路可以利用，敌军到的时间又不在太阳落山之时。同时我军既没有大国的支持，也没有邻国的援助，应该怎么办呢？”太公说：“不妨虚张声势，使用各种引诱、欺诈手段将敌军将领迷惑住，诱使他们迂回行进，经过草深林密的地方，还要诱骗敌人多绕远路以延误时间，导致其在日落时分与我军交战。抓住敌军

的先头部队还没有全部渡过河来，后续部队还没来得及宿营的时机，出动我军伏兵对敌军的两翼发动猛烈袭击，同时出动我军战车和骑兵部队扰乱敌人的前后。这样敌兵虽然众多，也会为我军被打败。对大国的君王恭敬侍奉，对邻国贤士礼遇结交，多送礼品，言辞谦逊，这样就能得到大国的支持、邻国的援助了！”武王说：“说得真好啊！”

分 险

题 解

“分险”的“险”指的是险隘地带，本篇论述的是在穷山恶水等隘险地带作战的方法。首先要加强戒备，不可忽略任何一个方向，不给敌人可乘之机。如果从水路发动进攻，那么先渡河的部队要立刻扫清前路障碍，建立稳固的滩头阵地，为主力渡河提供掩护。从山路发动进攻，则要以武冲战车为前导，大橹战车为拱卫，左右两翼为猛士强弩所庇护，步兵为主力从正面发动进攻，左、中、右三军齐头并进，同时注意轮战轮息，以保持充沛体力，如此即可取胜。

［原文］

武王问太公曰：“引兵深入诸侯之地，与敌人相遇于险厄[1]之中，吾左山而右水，敌右山而左水，与我分险相拒，吾欲以守则固，以战则胜，为之奈何？”

太公曰："处山之左，急备山之右；处山之右，急备山之左。险有大水无舟楫者，以天潢[②]济吾三军。已济者亟广吾道，以便战所。以武冲为前后，列其强弩，令行阵皆固。衢(qú)道谷口，以武冲绝之，高置旌旗，是谓'车城'[③]。凡险战[④]之法，以武冲为前，大橹[⑤]为卫，材士强弩翼吾左右，三千人为屯，必置冲阵，便兵所处。左军以左，右军以右，中军以中，并攻而前。已战者还归屯所[⑥]，更战更息，必胜乃已。"武王曰："善哉！"

[注释]

①厄：险隘。

②天潢：古代作战渡水用的大船。

③车城：战车联结在一起构筑成的营寨。

④险战：在险隘地带进行的战斗。

⑤大橹：大盾牌。

⑥屯所：军队集结的地方，兵营。

[译文]

武王问太公说："引兵深入敌国境内，在险隘的地方遇上了敌军，我军驻扎的地方左山右水，敌军正相反，是右山左水，双方各据险要，对峙不下。这时我想做到稳固地防守，或者实施必胜的进攻，应该怎样做？”

太公说：“我军处在山的左侧时，应当迅速在山的右侧做好防备；处在山的右侧时，也要迅速在山的左侧做好防备。地处险要地带，附近又有大河，用小船无法渡过时，就要用天潢这种大船将我军渡过河去。先渡过去的先头部队要迅速展开，扫清前进道路，抢占有利地形。我军将武冲大战车部署在前方和后方以掩护我军前进路线，布设强弩以保持我军阵形稳固。在四通八达的交通枢纽还有两山之间的谷口，要布设武冲大战车加以阻绝，还要在高处插上旗帜，这样就构成了‘车城’。在险要地带作战的打法是武冲战车在前为前导，凭借大盾牌作为防护，强弩勇士护住我军左右两翼，每三千名步兵编为一屯，结成‘四武冲阵’，部署在地形有利于作战的地带，左军在左翼，右军在右翼，中军在中央，三军并肩战斗，向前发动进攻。已经战斗过的回到集结地域休息，没有战斗过的依次投入战斗，这样轮流作战、休息，直到将敌人战败为止。”武王说：“说得真好啊！”

犬韬

分合

题解

“分合”指的是军队的分合，军队平时分驻各地，战时则要集中起来，本篇论述的便是集结军队、约期会战的原则和方法。军队主将首先要确定集中的时间和地点，然后用公文的形式下发给各级将领官员。要严明军纪，提前到达者有赏，迟到者要罚甚至是斩首，只有这样才能准时将部队集中起来，与敌人作战。

［原文］

武王问太公曰：“王者帅师，三军分为数处，将欲期会合战[1]，约誓[2]赏罚，为之奈何？”

太公曰：“凡用兵之法，三军之众，必有分合之变。其大将先定战地战日，然后移檄书[3]与诸将吏，期攻城围邑，各会其所，明告战日，漏刻有时[4]。大将设营而阵，立表辕门[5]，清道而待。诸将吏至者，校其先后，先期至者赏，后期至者斩。如此，则远近奔集，三军俱至，并力合战。”

[注释]

①期会合战：商定好具体的时间地点，兵合一处与敌人作战。

②约誓：在作战之前集合部队，宣布作战目的、军纪等内容。

③檄书：檄文，古代的一种官方文书，用于晓谕、征召、声讨等。

④漏刻有时：意为规定军队务必到达的时间。漏刻，即漏壶，古代的一种用水计时的器具。

⑤立表：指立木为表，古代在地上立一根木桩，通过观察木桩的日影来计算时间，与日晷原理相同。辕门：军营的正门。

漏壶

漏壶是古代的一种计时器。其原理为：用两铜壶，分置上下，上壶盛水，使漏入下壶。下壶设有浮标，标杆上刻有刻度。上壶之水漏入下壶时，标竿渐渐升起，以此计算时间。在战争中，时间是一个十分重要的因素，只有兵将都严守时间，才能夺得战斗的胜利。

[译文]

武王问太公说："君王统兵准备出征，但是军队分驻数地，主将想要按期将军队集中起来和敌人交战，还要申令全军明定赏罚，应该怎么办？"

太公说："通常用兵的方法是：因为三军人数众多，必然会分散驻扎，也必然会有集中作战这些部署上的变化。军队的主将要确定好作战的地点和时间，然后给诸位将领官员发战斗文书，明确说明准备围攻的城邑、各军集中的地点、到达的时间还有作战的日期。然后主将要设营布阵，在军营正门口竖起一根标杆以观测日影，计算时间，附近还要禁止行人通行，等待将领官员们到

达。他们到达时要考察其是否准时，提前到的有赏，迟到的要斩首。这样，驻扎在别的地方的军队不论远近，都会准时集中。三军全部到达以后，就可以集中力量和敌人作战了。”

武　锋

题 解

“武锋”指的是我军勇猛的先锋突击部队。战场上形势瞬息万变，战机稍纵即逝。所以，如何捕捉、把握以及创造战机乃是考验将领素质的重要标准。本篇先是强调了打这种“快仗”所必备的条件：强大的战车骑兵部队和精选的突击部队，同时又列举了十四种对敌人的不利情况，可以为我军所利用，一旦发现便要抓住战机，发动奇袭，即可取得胜利。

[原文]

武王问太公曰：“凡用兵之要，必有武车骁骑，驰阵选锋[1]，见可则击之。如何则可击？”太公曰：“夫欲击者，当审察敌人十四变[2]，变见则击之，敌人必败。”

武王曰：“十四变可得闻乎？”太公曰：“敌人新集[3]可击，人马未食可击，天时不顺可击，地形未得可击，奔走可击，不戒可击，疲劳可击，将离士卒可击，涉长路可击，济

水可击，不暇④可击，阻难狭路可击，乱行可击，心怖⑤可击。”

[注释]

①选锋：挑选精锐的士兵组成敢死队。

②变：这里指对敌人不利的情况。

③集：集结，集合。

④不暇：没有时间，这里指忙乱不堪。

⑤怖：恐惧，害怕。

[译文]

武王问太公说：“通常用兵的要领是，必须要有强大的战车，骁勇的骑兵，百里挑一的勇猛士卒组成的前锋部队，一旦发现可乘之机便发动攻击。那么，如何把握这个时机呢？”太公说：“如果想要进攻敌人，应当仔细观察敌人是否有十四种对其不利的情况，一旦发现有便发起攻击，一定可以将敌人打败。”

武王说：“可以将这十四种对敌不利的情况具体讲讲吗？”太公说：“敌人刚刚集结、立足未稳时可以打；士兵和马匹都在饥饿中时可以打；气候、季节对敌人不利时可以打；地形于敌人不利时可以打；敌人正在奔袭赶路时可以打；敌人毫无戒备时可以打；敌人疲惫不堪时可以打；敌人的将士分开时可以打；敌军长途跋涉之后可以打；敌军正在渡河时可以打；敌军忙乱不堪时可以打；敌人正在通过险阻隘路时可以打；敌人的阵列不整时可以打；敌人军心不稳恐慌不安时可以打。”

练士

题 解

“练士”即挑选士兵的意思。本篇论述的是根据士兵的不同特征，挑选和编组军队的方法。士兵的选拔、编组是军队建设中的基本问题之一，它对军队的战斗力有着非常直接的影响。本篇中根据士兵身体强弱程度、身材高低、本领技能、社会地位、心理状况等不同特征，将他们编成了“冒刃之士”“陷阵之士”“勇锐之士”等不同的分队，既方便平时管理训练，又可以在战时让他们各尽所长。

[原文]

武王问太公曰：“练士之道①奈何？”

太公曰：“军中有大勇、敢死、乐伤②者，聚为一卒③，名曰冒刃④之士；有锐气、壮勇、强暴者，聚为一卒，名曰陷阵之士；有奇表⑤长剑、接武⑥齐列者，聚为一卒，名曰勇锐之士；有拔距伸钩⑦、强梁⑧多力、溃破金鼓、绝灭旌旗者，聚为一卒，名曰勇力之士；有逾高绝远、轻足善走者，聚为一卒，名曰寇兵⑨之士；有王臣失势，欲复见功者，聚为一卒，名曰死斗之士；有死将之

人子弟，欲与其将报仇者，聚为一卒，名曰敢死之士；有赘婿人虏⑩、欲掩迹扬名者，聚为一卒，名曰励钝⑪之士；有贫穷愤怒、欲快其心者，聚为一卒，名曰必死之士；有胥靡⑫免罪之人、欲逃其耻者，聚为一卒，名曰幸用之士；有材技兼人、能负重致远者，聚为一卒，名曰待命之士。此军之练士⑬，不可不察也。”

壮士

壮士挥剑，力斩敌军。“有奇表长剑，接武齐列者，聚为一卒，名曰勇锐之士。”为将帅者，唯有对手下士兵足够了解，才能令士兵们发挥最大作用，以夺取战斗胜利。

［注释］

①练士之道：挑选士卒的方法、原则。练，同“拣”，挑选、选择。

②乐伤：不怕受伤。

③卒：古代军队编制单位，一百人为一卒。

④冒刃：敢于冒生命危险。刃，刀刃、刀锋，这里比喻危险。

⑤奇表：体态奇异。

⑥接武：前后足迹相接。武，足迹，这里指步伐稳健、整齐。

⑦拔距：古代一种运动习武的游戏，和现在拔河类似。伸钩：将弯钩拉直。

⑧强梁：强悍、有力。

⑨寇兵：像盗贼一样出没不定的军队。

⑩赘婿：即入赘的女婿，指男子到女家成婚，并成为女家成员，古人将这视为一件耻辱的事。人虏：指做过俘虏的人。

⑪励钝：激励迟钝萎靡的人，让其振作起来。

⑫胥靡：古代服劳役的奴隶或刑徒。

⑬练士：选拔精练的兵士。

[译文]

武王问太公说："怎样挑选士？"

太公说："军中那些勇气十足、不怕牺牲、不怕受伤的人，将他们编成一卒，称为'冒刃之士'；那些锐气旺盛、强壮勇猛、强悍凶暴的，将他们编为一卒，叫他们'陷阵之士'；那些外表奇异、善用长剑、步伐稳健、动作规范整齐的人，将他们编为一卒，称为'勇锐之士'；那些臂力过人、善于拔距伸钩、强壮有力、能够冲进敌阵捣毁敌人金鼓旗帜的人，将他们编成一卒，叫作'勇力之士'；那些善于越高城、行远路、身轻善走的人，将其编为一卒，称为'寇兵之士'；那些失势没落的王公大臣，想要重立功劳的，将其编为一卒，叫作'死斗之士'；那些阵亡将帅的子弟，想要为其父兄报仇的，编为一卒，称其为'敢死之士'；那些被招赘、被俘虏，亟待为自己扬名遮丑的，将其编成一卒，称为'励钝之士'；那些因为自己贫穷而心怀不满，一心想立功受赏的，将他们编成一卒，称为'必死之士'；那些曾经犯过罪、想要掩盖自己耻辱的编成一队，称为‘幸用之士’；那些身怀绝技，能够任重致远的，将他们编为一卒，称为‘待命之士’。这些都是军队中选拔精练兵士的方法，一定要详加考虑啊！”

教　战

题　解

“教战”即教导作战，这是一项旨在提高部队战斗素质而进行的教练活动，具有很重要的意义。指挥没有经过训练的部队同敌人作战，和驱使牛羊与虎狼对抗无异。本篇论述的便是训练军队的内容以及方法。训练内容主要包括基本的战斗技能，包括对武器的使用和具体的战斗动作。此外还有学会听从上级的指挥调度，明确指挥的信号和方法，以保证行动一致。训练方法则秉承循序渐进、由简到繁的原则，先从单兵开始，由点带面，逐步推广。

[原文]

武王问太公曰：“合三军之众，欲令士卒服习教战之道，奈何？”

太公曰：“凡领三军，必有金鼓之节[1]，所以整齐士众者也。将必先明告吏士，申之以三令，以教操兵起居[2]、旌旗指麾之变

法[3]。故教吏士，使一人学战，教成，合[4]之十人；十人学战，教成，合之百人；百人学战，教成，合之千人；千人学战，教成，合之万人；万人学战，教成，合之三军之众；大战之法，教成，合之百万之众。故能成其大兵[5]，立威于天下。”武王曰：“善哉！”

[注释]

①节：节制，调度，指挥。

②操兵起居：操持着武器，练习各种战斗动作。操兵，使用武器。起居，指站、坐、进、退等动作。

练兵成阵

古时有很多兵阵，若要将兵将训练成阵，就要令军士们勤加训练。

③麾：同“挥”，指挥。变法：变化的方法。

④合：一起，共同，这里指合练。

⑤大兵：强大的部队。

[译文]

武王问太公说：“将三军集合，想要士卒们熟练掌握作战技能，应该如何训练？”

太公说：“凡是统率三军的，都用金鼓来进行调度指挥，这是为了让士兵的行动整齐一致。主将一定要明确告诉官兵该如何操练，而且要反复讲解，教导官兵操持兵器，演练战斗动作，还要了解旗帜的各种变化的不同意义，和自己应该采取的行动。所以，在训练军队的时候，先使一个人学习，一个人学会了，再进行十人合练；十个人学习战法，学会了，再进行一百个人的合练；一百个人学习战法，学会了，再进行一千个人的合练；一千个人学习战法，学会了，再进行一万个人的合练；一万个人学习战法，学会了，再进行三军合练，以训练大军统一作战的方法。学会了，再进行百万大军的合练，这样就可以得到一支强大的军队，天下都享有威名。”武王说：“说得真好啊！”

均 兵

题 解

“均兵”是组编、调配兵力的意思，本篇论述的是战车、骑兵、步兵的各自特点，以及它们之间作战能力的对比，还有战车和骑兵作战的编制和队形问题。车、骑、步三个兵种各有所长，也各有所短，只有充分了解它们各自的优点和缺点，再相互配合，利用好战车强大的抗击敌人步兵和骑兵的冲击能力，利用好骑兵强大的突击能力，最后再用步兵结束战斗，就可以取得作战的胜利。本篇还分别从地势平坦和险恶两个角度比较了步兵、骑兵、战车的作战能力，最后又论述了战车和骑兵的编制问题，及在这两种地形作战时所应采取的战斗队形。

［原文］

武王问太公曰：“以车与步卒战，一车

当几步卒？几步卒当一车？以骑与步卒战，一骑当几步卒？几步卒当一骑？以车与骑战，一车当几骑？几骑当一车？”

太公曰：“车者，军之羽翼[1]也，所以陷坚阵，要[2]强敌，遮[3]走北也。骑者，军之伺候[4]也，所以蹑[5]败军，绝粮道，击便寇[6]也。故车骑不敌战[7]，则一骑不能当步卒一人。三军之众，成阵而相当，则易战[8]之法：一车当步卒八十人，八十人当一车；一骑当步卒八人，八人当一骑；一车当十骑，十骑当一车。险战[9]之法：一车当步卒四十人，四十人当一车[10]；一骑当步卒四人，四人当一骑；一车当六骑，六骑当一车。夫车骑者，军之武兵也，十乘败千人，百乘败万人；十骑败百人，百骑走千人，此其大数也。”

[注释]

①羽翼：用来比喻辅佐的人或力量，这里指战车对于军队来说，好像翅膀对于鸟儿一样，可以增强战斗力。

②要：半路截断。

③遮：阻挡。

④伺候：这里指骑兵就好像侦察人员，可以用来窥探敌人情况，乘敌之隙。

⑤踵：这里是跟踪、追击的意思。

⑥便寇：敌军中的机动部队。

⑦车骑不敌战：这里指战车、骑兵使用得不恰当，不合理。

⑧易战：指在地势平坦的地方作战。

⑨险战：指在地势险恶的地方作战。

⑩车：原本作“卒”，疑误。

[译文]

武王问太公说：“用战车和敌人的步兵战斗，一辆战车可以抵挡几名步兵？几名步兵能抵挡一辆战车？用骑兵和步兵作战，一名骑兵相当于几名步兵？几名步兵可以抵一名骑兵？用战车和骑兵作战，一辆战车可以抵几名骑兵？几名骑兵相当于一辆战车？”

太公说：“战车堪称军队的羽翼，对提升军队的战斗力有很大帮助，可以用来攻陷坚固的敌阵，截击强大的敌人，或者将敌人的逃路切断。骑兵是军队中用来窥探敌人情报，乘敌之隙的，可以用来跟踪追击败军，切断敌人的粮道，袭击

赵子龙汉水大战

古代战斗中骑兵威力很大，是军队中威猛快速的冲击力量之一。勇猛的骑士能以一当十，甚至以一当百、当千。在汉水之战中，黄忠被曹军团团包围，赵云前去接应。他接连刺死曹将慕容烈、焦炳，杀入重围，左冲右突，如入无人之境。张郃、徐晃心惊胆战，不敢迎战。子龙救出黄忠，且战且走，所到之处，无人敢阻。

敌人的流动部队。所以，如果车骑使用得不好，可能在战斗中的作用还比不上一名步兵。全军布列成阵，战车、骑兵、步卒配合得好，那么在平坦的地形上作战时，一辆战车可以抵八十名步兵，八十名步兵的战斗力相当于一辆战车，一名骑兵可以抵八名步兵，八名步兵的战斗力相当于一名骑兵，一辆战车可抵十名骑兵，十名骑兵的战斗力相当于一辆战车。在险恶的地形上作战时，一辆战车可抵四十名步兵，四十名步兵的战斗力相当于一辆战车；一名骑兵可以抵四名步兵，四名步兵的战斗力相当于一名骑兵；一辆战车可以抵六名骑兵，六名骑兵的战斗力相当于一辆战车。战车和骑兵是军队中最为迅猛的冲击力量，十辆战车就可以击败千名敌人，百辆战车就可以击败万名敌人，十名骑兵可以击退百名敌人，百名骑兵可以击退千名敌人，这些都是笼统的数字。”

[原文]

武王曰：“车骑之吏数[1]，与阵法奈何？”太公曰：“置车之吏数，五车一长，十车一吏，五十车一率[2]，百车一将。易战之法：五车为列，相去四十步，左右十步，队间六十步。险战之法：车必循道[3]，十车为聚，二十车为屯，前后相去二十步，左右六步，队间三十六步。五车一长，纵横相去二里，各返故道。置骑之吏数：五骑一长，十骑一吏，百骑一率，二百骑一将。易战之法：五

骑为列。前后相去二十步，左右四步，队间五十步。险战者：前后相去十步，左右二步，队间二十五步。三十骑为一屯，六十骑为一辈。十骑一吏，纵横相去④百步，周环各复故处。”武王曰：“善哉！”

[注释]

①吏数：设置的军官数量。

②率：和下文的“聚”“屯”“辈”等一样，都是军队中一级战斗编组。

③循道：顺着道路。

④去：距离。

[译文]

武王说：“战车和骑兵部队中应如何配备军官，具体作战方法又是怎样呢？”太公说：“战车部队应当这样配备军官：五辆战车设一长，十辆战车设一吏，五十辆战车设一率，一百辆战车设一将。在地势平坦的地带作战应当如此作战：五辆战车为一列，前后相距四十步远，每辆战车左右间隔十步，队与队之间的距离是六十步。在地势险恶的地带应当如此作战：战车一定要沿着道路前进，十辆战车为一聚，二十辆战车为一屯，每辆车前后相距二十步，左右相距约六步，队与队之间相距三十六步。五辆战车设一长，前后左右各一里的距离为活动范围，每辆战车撤出战斗以后仍按原路返回。骑兵部队应当这样配备军官：五名骑兵设一长，十名骑兵

设一吏，一百名骑兵设一率，二百名骑兵设一将。在地势平坦的地方时应当如此作战：五名骑兵为一列，前后相距二十步远，左右间隔四步远，队与队之间相距五十步远。在地势险恶的地方应当如此作战：前后相距十步远，左右相距二步远，队与队之间相距二十五步远。三十名骑兵为一屯，六十名骑兵为一辈。前后左右各百步的距离为活动范围，撤出战斗后各自返回原来的位置。”武王说：“说得真好啊！”

武车士

题 解

“武车士”就是勇猛善战的车兵，本篇论述的便是选拔战车兵的标准。其中包括年龄限制、身高限制，还有身体条件限制，要求奔跑迅速、动作灵活，箭法娴熟等，符合这样标准的人才能成为战车兵，获得优厚待遇。我国的战车历史久远，从夏、商一直到春秋时代大约一千六百年间，是战车称霸的时代，战车兵也成为这一历史时期最重要的兵种。但是从战国时代开始，因为战车对地形和道路的要求很高，缺点逐渐暴露，其地位逐步让给骑兵和步兵，直至退出历史舞台。

[原文]

武王问太公曰：“选车士[1]奈何？”太公曰：“选车士之法：取年四十以下，长七尺五寸以上，走能逐奔马，及驰而乘之，前后、

左右、上下周旋，能束缚旌旗，力能彀(gòu)八石(dàn)弩②，射前后左右，皆便③习者，名曰武车之士，不可不厚④也。”

［注释］

①车士：战车上的士兵。

②彀：将弓弩张满。八石弩：拉力为九百六十斤的强弩。石，古代重量单位，一百二十斤为一石。

③便：熟练。

④厚：厚待，指给予优厚的待遇。

［译文］

武王问太公说：“如何选拔战车上的士兵？”太公说：“选拔战车上的士兵应当遵从这样的标准：选择年龄在四十岁以下的，身高在七尺五寸以上的，奔跑速度快，能追得上奔跑的马的，能追上战车并能跳上去的，能在战车上对前后、左右、上下应战自如的，能够执掌旗帜的，力大能拉满八石弩的，能熟练地向各个方向射箭的，这样的人称为武车士，一定要给予他们优厚的待遇。”

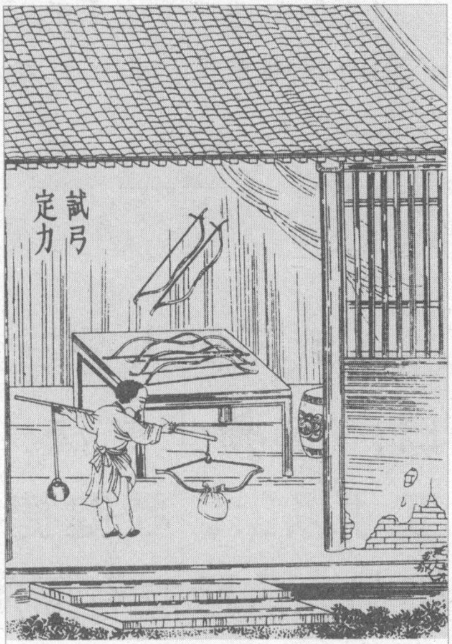

试弓定力

古代以“石”作为测定弓的强度单位。一百二十斤为一石，三石是三百六十斤，九石是一千多斤，一般强将大致能拉三四百斤左右的弓。

武骑士

题解

“武骑士”，即勇武的骑兵，本篇论述的是选拔骑兵的标准。其中包括年龄要在四十岁以下，身高要在七尺五寸以上，还要求具备健壮的身体、精湛的骑术、优秀的箭法，还要将这些完美地结合、运用起来，能够纵横驰骋于各种地形之上，痛击敌人。我国的骑兵早在春秋战国之际就已出现，因为它速度奇快、机动灵活、攻击力强等特点，所以为历朝历代所重视，并大力发展，成为整个封建时代的主要兵种之一。

[原文]

武王问太公曰：“选骑士①奈何？”太公曰：“选骑士之法：取年四十以下，长七尺五寸以上，壮健捷疾，超绝伦等②，能驰骑彀（gòu）射，前后左右周旋进退，越沟堑，登丘陵，冒险阻，绝大泽③，驰④强敌，乱⑤大众者，名曰武骑之士，不可不厚也。”

[注释]

①骑士：骑兵。

②超绝伦等：身怀绝技，本领远在一般人之上。

③大泽：大河，大湖泊，大沼泽。

④驰：追击，追赶。

⑤乱：打乱。

［译文］

武王问太公说："如何选拔骑兵？"太公说："选拔骑兵应当遵循这样的标准：选择年龄在四十岁以下的，身高在七尺五寸以上的，身强力壮，动作敏捷，超过一般人的，能在纵马疾驰中张弓射箭，对前后左右各个方向应战、回旋自如，能跨沟堑，登高地，越险阻，渡大泽，追击强敌，打乱众多敌军的人，这种人被称为武骑士，一定要给予优厚的待遇。"

战　车

题　解

"战车"即作战使用的车辆，通常为一车配四马、三人。战车兵这一兵种的优点和缺点都很明显，本篇主要论述的是战车作战的十种不利地形、八种有利战机。本篇先是指出了战车兵、骑兵、步兵三个兵种的战术特点，随后便详细地介绍了这十八种情况。最后又得出结论，领兵的将领只有将这些情况烂熟于胸，才可以扬长避短，充分发挥战车的威力。

［原文］

武王问太公曰："战车奈何？"太公曰："步贵知变动①，车贵知地形，骑贵知别径奇

道②，三军同名而异用也。凡车之死地③有十，胜地④有八。”

［注释］

①变动：这里指战场上的情况变化。

②别径奇道：岔路、捷径等敌人意想不到的路线。

③死地：不利的地形。

④胜地：和死地相反，指有利的情况、处境。

［译文］

武王问太公道：“战车应当如何作战？”太公说：“步兵作战，贵在了解战场形势变化，车兵作战，贵在对地形状况熟悉，骑兵作战，贵在通晓别道捷径，从而出其不意，战车、步兵、骑兵同是作战部队，但是用法却大不相同。对战车来说，作战时有十种死地，还有八种胜地。”

［原文］

武王曰：“十死之地奈何？”太公曰：“往而无以还者，车之死地也；越绝险阻，乘敌远行者，车之竭地也；前易后险者，车之困地也；陷之险阻而难出者，车之绝地也；圮（pǐ）下渐泽①，黑土黏埴（zhí）②者，车之劳地也；左险右易，上陵仰阪③者，车之逆地也；殷④草横亩，犯历⑤深泽者，车之拂⑥地也；

车少地易，与步不敌者，车之败地也；后有沟渎[7]，左有深水，右有峻阪者，车之坏地也；日夜霖雨，旬日不止，道路溃陷，前不能进，后不能解者，车之陷地也。此十者，车之死地也。故拙将之所以见擒，明[8]将之所以能避也。”

武王曰：“八胜之地奈何？”太公曰：“敌之前后，行阵未定，即陷之；旌旗扰乱，人马数动[9]，即陷之；士卒或前或后，或左或右，即陷之；阵不坚固，士卒前后相顾，即陷之；前往而疑，后恐而怯，即陷之；三军卒[10]惊，皆薄而起，即陷之；战于易地，暮不能解[11]，即陷之；远行而暮舍，三军恐惧，即陷之。此八者，车之胜地也。将明于十害、八胜，敌虽围周，千乘万骑，前驱

地形

地形对车兵作战的影响最大，此节讨论了对于车兵作战的十种不利地形和八种有利地形。

旁驰，万战必胜。”武王曰：“善哉！”

［注释］

①圮下渐泽：塌陷、积水的地方。圮，毁坏，塌坏。渐，浸水。泽，池沼，洼地。

②黏埴：黏土。

③仰阪：上坡。阪，同“坂”，山坡。

④殷：这里指草木茂盛的样子。

⑤犯历：本意是违反，这里指要经过深水大泽之地。

⑥拂：违背，不顺，这里指战车行进缓慢。

⑦渎：水沟，小渠。

⑧明：聪明，理智。

⑨数动：总在调动。

⑩卒：同“猝”，突然。

⑪解：分开，这里指直到日暮双方还没有结束战斗。

［译文］

武王问：“十种死地都是什么？”太公说：“可以前进却不能倒车，这就是战车的死地；跨越险阻之地，长途跋涉追击敌人，这乃是战车的竭地；前面地势平坦易行，身后却是险阻不通之地，这是战车的困地；陷入艰难险阻之地出不来，这是战车的绝地；土地塌陷、积水严重、全是黑土黏泥的地方，是战车的劳地；左边险恶，右边平坦，前进还需要爬坡，这乃是战车的逆地；荒草满地，前进还要经过水泽地带，这是战车的拂地；战车的数量较少，地势又平，而且战车和步兵配合得不好，这便是战车的败地；

身后有沟渠，左边有深深的河流，右边是高坡，这样的地方是战车的坏地；大雨日夜下个不停，连续十几天，道路毁坏，前进不得，后退不得，这是战车的陷地。这十种情况都是战车的死地。所以，那些愚蠢的将领之所以被擒就是因为他们不了解这十种死地，而那些聪明的将领之所以能避开，就是因为他们对这十种死地非常了解。"

武王又问："那么八种胜地又是什么？"太公说："敌人的前后行阵还没有排列完毕，此时可以进攻它；敌人的旌旗扰乱，人马来回调动个不停，可以趁机进攻它；敌军的士卒有的向前，有的撤后，有的往右，有的向左，乱作一团，此时可以乘机进攻它；敌军的阵势不稳，士卒都在前后观望，此时可以乘机进攻它；敌军想前进还在犹豫，想后撤又害怕，此时可以进攻它；敌军突然惊乱，乱动乱撞，这时可以乘机进攻它；我军和敌军在地势较为平坦的地方交战，直到日暮还没有分出胜负，这时就可以出动战车进攻它；敌军长途行军，很晚才宿营，全军上下惊恐不安，这时就可以趁机进攻它。这八种情况就是战车的胜地。将帅将这十种'死地'和八种'胜地'了然于胸，即便被敌人从四面包围，敌军千乘万骑向我正方压来，向我军两翼突击我军也可以从容应对，每战必胜。"武王说："说得真好啊！"

战　骑

题　解

"战骑"即作战的骑兵。本篇论述的是骑兵作战的十种战机，还有九种不利于骑兵作战的地形。骑兵的主要特点是快速机动，突击力强大而又猛烈，而平原旷野以及一般山地、丘陵是骑兵驰骋的舞台，迂回、奇袭、掐断后路、袭扰敌人后方这类的行动都是骑兵的拿手好戏，本篇中列举的“十胜”也都是这种情况。但是骑兵作战也有弱点，险隘之地、水网密布之地通常不适合骑兵作战，另外骑兵也不擅长攻城拔寨，本篇中的“九败”论述的就是这方面的内容。骑兵引入中原始于战国时赵武灵王的“胡服骑射”，是华夏民族与游牧民族文化交流的重要成果。

[原文]

武王问太公曰：“战骑奈何？”太公曰：“骑有十胜、九败[1]。”

武王曰：“十胜奈何？”太公曰：“敌人始至，行阵未定，前后不属，陷其前骑，击其左右，敌人必走；敌人行阵整齐坚固，士卒欲斗，吾骑翼而勿去，或驰而往，或驰而来，其疾如风，其暴如雷，白昼而昏，数更旌旗，变易衣服，其军可克；敌人行阵不固，士卒不斗，薄其前后，猎[2]其左右，翼而击之，敌人必惧；敌人暮欲归舍，三军恐骇，翼其两旁，疾击其后，薄其垒口[3]，无使得

入，敌人必败；敌人无险阻保固，深入长驱，绝其粮道，敌人必饥；地平而易，四面见敌，车骑陷之，敌人必乱；敌人奔走，士卒散乱，或翼其两旁，或掩其前后，其将可擒；敌人暮返，其兵甚众，其行阵必乱，令我骑十而为队④，百而为屯，车五而为聚，十而为群，多设旌旗，杂以强弩，或击其两旁，或绝⑤其前后，敌将可虏⑥。此骑之十胜也。”

粮道

粮食是战争必需的后勤保障，自古兵家非常注意保障粮道的安全、畅通。欲克敌战胜对方，也多会从谋划切断对方粮道着手。

[注释]

①十胜：十种制胜的战机，不过原文中只有八胜，疑为脱简缺失。九败：九种导致战败的地形。

②猎：打猎，这里是袭击的意思。

③垒口：军营、堡垒的入口。

④队：和下文中的屯、聚、群等皆为古代骑兵部队中的战斗编组单位。

⑤绝：断绝，阻截。

⑥虏：俘虏，生擒。

［译文］

武王问太公说："骑兵应当如何作战？"太公说："骑兵作战，要知道'十胜''九败'。"

武王问："'十胜'是什么？"太公说："敌人刚到，阵势还没有稳定，前军后军还没有衔接上，我军应立刻派出骑兵击破敌军的先头骑兵部队，对其两翼进行夹击，敌军必然大败而逃；如果敌军的阵势整齐坚固，士卒求战欲望很高，我军的骑兵部队应对敌军的两翼进行夹击，死缠住不放，时而奔驰过去，时而奔驰回来，快速似风，猛烈如雷，从白天一直持续到黄昏，还要不断变换旗帜和服装，让敌人迷惑重重，这样就可以将敌军打败；敌人阵势不稳，士卒缺乏斗志，我军便出动骑兵压制敌军前方和后方，夹击敌军的两翼，敌军必定惊恐；太阳落山敌人想要回营，心存震骇，我军应出动骑兵对敌军两翼发动夹击，对敌军的后尾发动迅猛的攻击，迫近敌军营垒的入口，阻止敌军入营，慌乱中的敌人必然溃败；敌军没有险阻地形可以凭险固守，我军应出动骑兵长驱直入，将敌军粮道切断，敌军将士必定因为断粮而腹中饥饿；敌军处在地势平坦的地方，四面都容易遭到攻击，我军应该让骑兵协同战车出战，从四面围攻敌军，敌军必定溃乱；敌军败走，士兵溃不成军，我军出动骑兵或者从两翼发动夹击，或者拦击敌军前后，甚至可以擒获敌军主将帅；日暮时分敌军退回营垒，部队众多，一定会混乱不成阵型，我军应将骑兵十人编为一队，一百人编为一屯，五辆战车编为一聚，十辆战车编为一群，多插旗帜，再配以强弩，或者对敌军的两翼突击，或者对敌军的前后

进行拦截，可以战败敌军，俘虏敌军的主将。这就是统率骑兵作战，要抓住的十种取胜的战机。”

［原文］

武王曰：“九败奈何？”太公曰：“凡以骑陷敌而不能破阵，敌人佯走，以车骑反击我后，此骑之败地也；追北逾险，长驱不止，敌人伏我两旁，又绝我后，此骑之围地也；往而无以返，入而无以出，是谓陷于天井，顿于地穴[1]，此骑之死地也；所从入者隘，所从出者远，彼弱可以击我强，彼寡可以击我众，此骑之没地也；大涧深谷，翳荟[2]林木，此骑之竭地也；左右有水，前有大阜[3]，后有高山，三军战于两水之间，敌居表里[4]，此骑之艰地也；敌人绝我粮道，往而无以返，此骑之困地也；污下沮泽[5]，进退渐洳（rù）[6]，此骑之患地也；左有深沟，右有坑阜[7]，高下如平地，进退诱敌，此骑之陷地也。此九者，骑之死地也，明将之所以远避，暗将之所以陷败[8]也。”

[注释]

①地穴：地面下陷形成的大坑。

②翳荟：草木茂盛的样子。

③阜：土山。

④表里：内外有利的地形。

⑤沮泽：水草聚集的地方，即沼泽地。

⑥渐洳：低湿、泥泞的样子。

⑦坑阜：地形高低坎坷不平。坑，凹陷的地方。

⑧陷败：遭遇失败。

[译文]

武王问："'九败'又是什么？"太公说："出动骑兵进攻敌人，如果没有突破敌阵，敌人假装败退而走，而又出动战车和骑兵发动反击，对我军的后方发动攻击，这就是骑兵作战的败地了；追击败退的敌军，通过险阻之地，长驱直入一直向前，而敌军埋伏在我军的两翼，切断我军的后路，这就是骑兵作战的围地；前进后撤不回来，进去后退不出来，这叫作陷入'天井'之中，困于'地穴'之内，这是骑兵作战的死地；进去的路狭窄，出来的路曲折绕远，敌军便能以弱击强，以少击众，这就是骑兵作战的没地；地处深涧峡谷当中，草木茂盛，行动困难，这就是骑兵作战的竭地；左右两侧都有水泽，前方是大山，背后是高岭，我军在两水之间作战，敌军内守山险，外据水要，地形十分有利，这就是骑兵作战的艰地；敌人将我军粮道切断，我军只能向前而不能后退，这就是骑兵作战的困地；地处沼泽地带，低洼泥泞，行动困难，这就是骑兵作战的患地；左边有深沟，右面也坎坷不平，高低不平但是看起来

却像是平地，前进还是后退都会遭到敌军的进攻，这就是骑兵作战的陷地。这九种情况都是骑兵作战的‘死地’，也是明智的主将想要竭力避开的，同时也是那些昏庸的主将之所以失败的地方。”

战　步

题　解

“战步”即作战用的步兵，本篇论述的便是步兵同战车、骑兵作战的方法，有险阻的地形依凭最好，再将兵力合理部署，轮战轮息，坚守阵地，同时对后方严加戒备。如果地形不利，敌人又声势浩大，这时应当将部队布成“四武冲阵”，同时充分使用行马、蒺藜等障碍物，阻碍敌军的行动，还要深挖壕沟，构筑防御工事，这样便可抵挡住敌军的进攻。

［原文］

武王问太公曰：“步兵与车骑战①奈何？”太公曰：“步兵与车骑战者，必依丘陵险阻，长兵②强弩居前，短兵③弱弩居后，更发更止④。敌之车骑虽众而至，坚阵疾战，材士强弩以备我后。”

武王曰：吾无丘陵，又无险阻，敌人之至，既众且武，车骑翼我两旁，猎我前后，吾三军恐怖，乱败而走，为之奈何？

太公曰：“令我士卒为行马、木蒺藜[5]，置牛马队伍，为四武冲阵。望敌车骑将来，均置蒺藜，掘地匝后[6]，广深五尺，名曰‘命笼’。人操行马进步，阑车[7]以为垒，推而前后，立而为屯。材士强弩，备我左右。然后令我三军，皆疾战而不解。”武王曰：“善哉！”

[注释]

①与、战：底本无此二字，疑脱。

②长兵：矛、戈等长兵器。

③短兵：斧、钺等短兵器。

④更发更止：指士兵轮流作战、休息。

⑤蒺藜：古代一种防御性兵器，形状像草本植物蒺藜，多刺，用时撒布在地上，用来阻碍敌军行动。

⑥掘地匝后：在四周开掘壕沟。

⑦阑车：将战车连起来拦截敌军。

[译文]

武王问太公说：“步兵如何与战车、骑兵作战？”太公说：“步兵与战车、骑兵作战，一定要依托丘陵险阻等地形布阵，将长兵器和强弩部署在前面，短兵器和弱弩部署在后面，士兵们轮流战斗、休息，保持体力。即便敌军的大队战车和骑兵到来，我军也只是坚守阵地，顽强战斗，同时还要部署勇猛的士兵和强弩部队对后方严加戒备。"

武王又问："我军的地形既没有丘陵也没有别的险阻地势可以依托，敌军大队到来，来势汹汹，战车骑兵部队夹击我军两翼，袭扰我军前后，我军上下惊恐，混乱溃败而走，这时应该怎么办呢？"

太公说："命令我军的士卒制作行马和木蒺藜，将牛、马都集中起来编成一队，布成'四武冲阵'。当看到敌军即将到来时，就在其来的道路上广泛布设蒺藜，再在周围挖掘出环形的壕沟地，深宽都是五尺，这叫'命笼'。步兵带着行马进退，再将车辆联结起来组成营垒，推着它前后移动，停下来就是营寨。要部署猛士强弩对左右两翼加强戒备，然后号令全军上下迅猛攻击，不可懈怠。"武王说："说得真好啊！"

三略

上略：任贤擒敌之学

题 解

《三略》是中国古代的一部兵书。原名为《黄石公记》，因其分为三卷，分别是“上略”“中略”“下略”，所以又称《黄石公三略》，简称《三略》。现在《三略》作者为谁、著于何时还是一个颇有争议的问题，很多人认为书名中的“黄石公”(即“圯桥三进履”故事中，点化张良的那位老人)只是传说中的人物，此书也是后人伪托之作，不过现在还没有定论。

《三略》中大部分篇章论述的是以德治国、治民等，侧重点是从政治策略上论述治国用兵的道理，兼及军事战略，而不是具体地介绍如何领兵作战，这一点和其他兵书有所不同。《三略》中糅合了诸子各家的思想，儒家的仁、义、礼之说，法家的权、术、势之论，墨家的尚贤思想，道家的重柔理论甚至谶纬之说均在此书中有所体现。

《三略》的《上略》名为“任贤擒敌之学”，显然，就是论述如何选用贤才为主将对抗敌人的道理。主将是军队的骨干，只有骨干挺起来了，军队才可能打胜仗，所以选择主将在战争中有着至关重要的作用。身为军队主将，一项最为基本的素质就是能够聚合军心——“揽英雄之心”“与众同好”“与众同恶”，这样才能三军上下同仇敌忾，才有可能打败敌人，赢取军中将士的认同。同仇敌忾是第一步，而在具体的实践过程中则要刚、强、柔、弱各种手段融会变通、综

合运用，要用得恰到好处，要做到“兼此四者而制其宜”，如此，“能柔能刚，其国弥光；能弱能强，其国弥彰”。如果做不到，只会一味地刚强或柔弱，那就会：“纯柔纯弱，其国必削；纯刚纯强，其国必亡。”

《上略》中也提到了一些具体的作战策略，比如“察敌情”，“用兵之要，必先察敌情：视其仓库，度其粮食，卜其强弱，察其天地，伺其空隙。敌国无军旅之难而运粮者，虚也；民菜色者，穷也。千里馈粮，民有饥色；樵苏后爨，师不宿饱。夫运粮千里，无一年之食；两千里，无二年之食；三千里，无三年之食；是谓国虚。国虚则民贫，民贫则上下不亲。敌攻其外，民盗其内，是谓必溃”。这一段讲的便是侦察之道，通过侦察得来的情报可以判断敌国的内部情况，但是，前面已经指出，这样具体的军事策略所占比例不大，所以说《三略》重点还是政治策略，而不是军事策略。

［原文］

夫主将之法，务揽①英雄之心，赏禄有功②，通志③于众。故与众同好④靡不成，与众同恶靡不倾。治国安家，得人⑤也；亡国破家，失人也。含气之类⑥咸愿得其志。《军谶（chèn）》⑦曰：“柔能制刚，弱能制强。”柔者德也，刚者贼⑧也，弱者人之所助，强者怨之所攻⑨。柔有所设⑩，刚有所施，弱有所用，

强有所加，兼此四者而制其宜[11]。端[12]末未见，人莫[13]能知。天地神明，与物推移[14]，变动无常。因[15]敌转化，不为事先，动而辄[16]随。故能图制[17]无疆，扶成天威[18]，匡正八极[19]，密定九夷[20]。如此谋者，为帝王师。

故曰，莫[21]不贪强，鲜能守[22]微，若能守微，乃保其生。圣人存之，动应事机，舒之弥[23]四海，卷之不盈怀[24]，居之不以室宅，守之不以城郭，藏之胸臆[25]，而敌国服[26]。

［注释］

①揽：收揽，收纳。

地泉

《军谶》曰："柔能制刚，弱能制强。"水为天下至柔亦为天下至刚，柔者无处不至，刚者无坚不摧，因形而变，因时而动，所以能无往而不胜。

②禄：原意是古代官吏的俸给，这里是动词，奖给有功的人俸禄。有功：立下功劳的人。

③通志：将自己的意志灌输出去。通，传达、推广。

④同好：这里是同心协力的意思。靡：没有。

⑤人：人心。

⑥含气之类：这里指人，用人的呼吸来借代人的整体。

⑦《军谶》：古代的一部

兵书，唐代以后失传。谶，迷信的人指将要应验的预言、预兆。

⑧贼：伤害，这里是祸患的意思。

⑨攻：攻击，非难。

⑩设：意通“施”，施行。

⑪宜：适宜，恰当。

⑫端：开端，开始。

⑬莫：不能。

⑭推移：发展变化。

⑮因：根据，随着。

⑯辄：就。

⑰图制：图谋制胜。无疆：没有穷尽，无限。

⑱天威：这里指代帝王的威严。

⑲匡：辅佐，匡正。八极：八方极远之地，这里指天下。

⑳九夷：古代东方的九种民族，这里为四方少数民族的泛指。

㉑莫：这里是没有谁的意思。

㉒守：遵守。微：微弱，微小。

㉓弥：遍布。

㉔盈怀：满怀。

㉕胸臆：内心深处的想法。

㉖服：顺服，屈服。

［译文］

身为一名主帅，一定要收揽那些杰出人物的心，对有功之臣不吝奖赏，将自己的意志灌输给众人。只要众人同心协力一，没有什么事是做不成的，只要众人同仇敌忾，没有什么敌人是战胜不了的。国泰民安，是因为人心所向；国破家亡，也是因为失去了人心。所有的人都是希望实现自己的志向的。《军谶》上说："柔能制刚，弱能制强。"柔是一种美德，刚是一种祸害，弱者总会得到人们的同情和帮助，而强者却常常被人们怨恨和非难。柔有柔的用处，刚有刚的作用，弱有弱的好处，强有强的长处，应该将这四者巧妙地融汇在一起，因事制宜地合理运用。事物的始末还没有显露出来，人们就不能全面地认识它。大自然神奇莫测，也在随着事物的运动而推移演变，变化无常。战争也是一样的道理，一定要根据形势的变化采取针对的策略，而不可先采取行动，敌军有什么举动我军见招拆招就可以了。这样必定能图谋制胜，无往而不胜，辅佐君王树威于天下，拯济四方，平定天下。能够做这样出谋划策的人，就可以去做帝王的老师。

所以说，人都是争强好胜的，很少有人能安于柔弱，如果明白了这个道理，就能够保全自己。如果圣人掌握并运用这个道理，就能够顺应事物的发展演化，推行开来可以适用于全天下，隐藏起来又不满怀抱，也不用房屋来安置它，也不用城郭来保护它，只要藏在心中，加以巧妙应用，就可以让敌国屈服了。

［原文］

《军谶》曰："能柔能刚，其国弥光[1]；能弱能强，其国弥彰[2]。纯柔纯弱，其国必削；纯刚纯强，其国必亡。"

夫为国之道，恃[3]贤与民。信贤如腹心[4]，使民如四肢，则策无遗[5]。所适如支体[6]相随，骨节相救[7]，天道自然，其巧无间[8]。

军国之要[9]，察民心，施百务[10]。危者安之，惧者欢之，叛者还之，冤者原[11]之，诉者察[12]之，卑者贵之，强者抑[13]之，

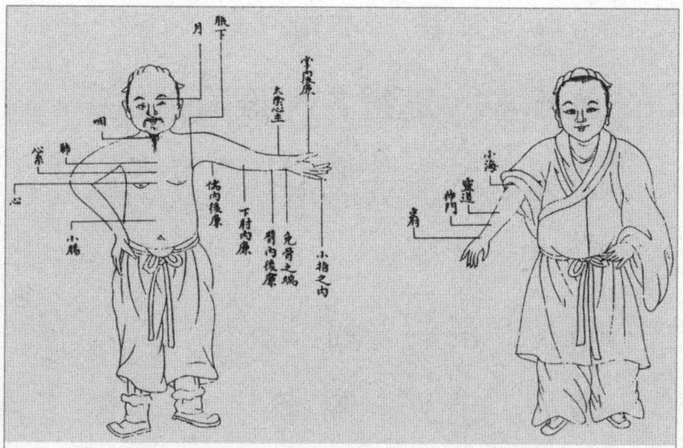

心之经

治理国家必须依仗人才。心脏是生命的动力之源，贤人之于国家就像心脏之于生命。心脏不息，生命不止，贤人还在，国家仍存。胜。

敌者残[14]之，贪者丰[15]之，欲者使之，畏者隐之，谋者近之，谗者覆[16]之，毁者复[17]之，反者废[18]之，横[19]者挫之，满者损[20]之，归者招之，服者居[21]之，降者脱[22]之。

［注释］

①弥：愈发，更加。光：光明，这里指国家强盛、前途光明。

②彰：明显，显著。

③恃：凭借。

④腹心：心腹。

⑤策：政策、谋略。无遗：没有什么遗漏的，指政策全部得到贯彻施行。

⑥适：往，到……去。支：通“肢”，指四肢。体：躯干。

⑦救：相应和。

⑧间：间隙，缝隙。

⑨要：要旨，关键。

⑩百务：泛指各种治国措施。

⑪原：赦罪，宽宥。

⑫察：考察。

⑬抑：压制，打压。

⑭残：消灭，除掉。

⑮丰：本意是丰富，这里是使他富足的意思。

⑯覆：倾覆，颠覆，这里是弃置不用的意思。

⑰复：核实，验证。

⑱废：废除、除掉。

⑲横：横行霸道。

⑳损：减少，削弱。

㉑居：安置。

㉒脱：解脱，这里是赦免的意思。

[译文]

《军谶》上说："治国应刚柔并用，国家就会日益辉煌；强弱并用，国家就会昌盛富强。如果只用柔或者只用弱，国势肯定要衰弱；只用刚或者只用强，那么这个国家必定走向灭亡。"

治理国家的原则，便是依靠德才兼备的贤士和人民群众。对待贤人充分信任，好像自己的心腹，使用民众好像在用自己的手足，这样政令就不会出现什么遗漏。全国上下行动起来就好比肢体相随，骨节相应，自然、和谐、浑然天成，巧妙无间。统军治国的关键是悉心体察百姓的心声，施行各种恰当的措施。保护处境危险的人，安抚心怀畏惧的人，设法召还叛离的人，为含冤受屈的人申冤昭雪，

为上告申诉的人查清事实，提拔才高职低的人，打压骄横强横的人，除掉与我为敌的人，满足贪求的人，任用愿意效力的人，保护担心被揭短的人，亲近善于谋略的人，不要使用进谗言的人，严查毁谤别人的人，消灭企图谋反的人，挫伤蛮横的人，抑制自满的人，招抚愿意归顺的人，安置已经征服的人，赦免投降的人。

［原文］

获固[1]守之，获厄[2]塞之，获难屯[3]之，获城割[4]之，获地裂[5]之，获财散之。敌动伺[6]之，敌近备之，敌强下[7]之，敌佚[8]去之，敌陵待[9]之，敌暴绥[10]之，敌悖[11]义之，敌睦携[12]之。顺举[13]挫之，因[14]势破之，放言[15]过之，四纲罗[16]之。得而勿有，居而弗守，拔[17]而勿久。立而勿取[18]，为[19]者则己，有[20]者则士，焉[21]知利之所在！

彼为诸侯，己为天子，使城自保，令士自取。世能祖祖[22]，鲜能下下[23]。祖祖为亲，下下为君。下下者，务耕桑不夺其时，薄赋税不匮[24]其财，罕[25]徭役不使其劳，则国富而家娭[26]，然后选士以司牧[27]之。夫所谓士者，英雄也。故曰，罗[28]其英雄，则敌国穷。

英雄者，国之干；庶民者，国之本。得其干，收其本，则政行而无怨。

［注释］

①固：防守坚固的地方。

②厄：险要的地方。塞：阻塞，阻断交通。

③屯：屯兵、驻兵。

④割：分割，这里是将得来的城池分赏给有功之臣的意思。

⑤裂：分封，意同“割”。

⑥伺：监视，观察。

⑦下：这里是故意示弱的意思。

⑧佚：通“逸”，安逸，这里是以逸待劳的意思。

⑨陵：欺凌，进犯。待：严阵以待。

⑩绥：安抚，安定。

⑪悖：违背道义。

⑫携：分离，这里是离间敌人的意思。

⑬顺：顺应。举：举动、行动。

⑭因：根据、依据。

⑮放言：这里指放出假消息、假情报。

⑯罗：本意是张网捕捉，这里是围歼敌人的意思。

⑰拔：攻取。

⑱立：拥立。勿取：指拥立他人为君，自己不取。

⑲为：这里指做决定。

⑳有：这里的意思是立下功劳。

㉑焉：语气助词。

崔元治泒
贤能的人是国家的英雄、骨干。唐时，崔元为泒令时开渠造田，造福百姓。国家由贤能的人士管理，就会政治清明，百姓安乐。

㉒祖祖：尊崇祖先。前一个“祖”是动词尊崇的意思。

㉓下下：爱护百姓。前一个“下”是动词爱护、体察的意思。

㉔匮：匮乏，竭尽。

㉕罕：减少，降低。

㉖娭：玩乐、嬉戏，这里形容百姓生活其乐融融。

㉗牧：这里是管理、治理的意思。

㉘罗：网罗，广纳。

［译文］

占领了防守坚固的地方要严加守备，控制了险要的地方就要设立关卡，得到了难以进攻的地方要屯兵驻守，得到了城池、土地还有财物要分赏给立下功劳的人。敌人有什么行动时要留心侦察，敌人逼近时要提高警惕，敌人势头正盛时我方要故意示弱，让敌人骄傲，敌人在以逸待劳，我方就要主动避其锋芒，敌人进犯就要严阵以待，敌人暴虐我军要设法安定民心，敌人逆天行事，我方要伸张正义以声讨它，敌人内部非常和睦团结，我方则要设法让它分化瓦解。要顺着敌人的行动将计就计以挫败它，要利用敌人的形势而击破它，放出假消息让敌人做出错误判断，将其四面包围予以围歼。取得了胜利不可归功自己，获得什么财物不可据为己有，攻取城池不可时间过长。拥立其国之人为君，自己不可擅取其位。决策自己出，功劳是将士们的，这才是真正利益的所

在啊！

别人是诸侯，自己是天子，让他们各自保卫自己的城池，让他们各自征收自己治下的赋税。世上的人都能尊重自己的祖先，但是却很少有人能做到爱护民众。尊崇祖先只是敬重亲人，爱护民众才能做君主。那些爱护民众的君主重视农业，不占用农时，降低赋税让百姓不会贫穷，减少徭役让民众不会疲惫，这样国家才会富裕充足，而百姓才会安居乐业，然后才选派贤能的人去管理百姓。所谓士人，就是英雄人物。所以说，广纳敌国的英雄，就会让敌国陷入困境。英雄人物乃是国家的骨干，而百姓是国家的根本。得到了骨干，掌握了根本，国家自然政通人和，民众毫无怨言。

［原文］

夫用兵之要[1]，在崇礼而重禄。礼崇则智士至，禄重则义士轻死[2]。故禄贤不爱[3]财，赏功不逾时，则下力[4]并而敌国削。夫用人之道，尊以爵[5]，赡以财[6]，则士自来；接[7]以礼，励[8]以义，则士死之[9]。夫将帅者，必与士卒同滋味[10]而共安危，敌乃可加[11]，故兵有全胜，敌有全因。

昔者良将之用兵，有馈箪醪[12]者，使投诸[13]河与士卒同流而饮。夫一箪之醪不能味[14]一河之水，而三军之士思为致死[15]者，

以[16]滋味之及己也。

[注释]

①要：要旨，关键。

②轻死：看轻生死，将生死置之度外。

③禄：这里是动词，给予俸禄的意思。爱：吝惜。

④下力：下属齐心协力。

⑤尊以爵：授予爵位，以示对他的尊重。

⑥赡以财：给予钱财供养他。

⑦接：接待，对待。

⑧励：劝勉、鼓励。

⑨死之：这里指以死相报。

⑩同滋味：这里是同甘共苦的意思。

⑪加：这里指和敌人交锋。

⑫馈：馈赠，送给。箪：通“觯”，古代盛酒器，广口圆肚，可装三升酒。醪：醇酒。

⑬诸：至，到。

⑭味：这里是动词，使之有味道。

⑮致死：这里是拼死报效的意思。

⑯以：因为。

[译文]

那用兵的关键，在于礼节隆重、俸禄优厚。礼节隆重，那些智谋一流的人自然会来，俸禄优厚，那些侠义的人自然就会效忠而将生死置之度外。所以，用厚禄来优待那些贤人，不可吝惜财物，奖励有功的人，不可迟误了时间，这样，就能让部下齐心协力而削弱敌国的实力。用人的方法是这样：封他爵位，以示对他的尊重，给他财物以供养他，那些贤人便主动来投；待之以礼，励之以义，那些义士就会甘愿效忠以死报效。那些做将帅的人，一定要和士兵同甘共苦、患难与共，这样才能和敌人作战，这样才会取得最后的胜利，让敌人全军覆没。

过去有这样一位良将，有一次有人送他一坛美酒，他命人将酒倒在河里，和士兵们一起喝着河水。其实一坛酒是不会让一河的水都有美酒味的，但是全军上下都为此所感动，而为这位将军拼死作战，这就是将帅与士兵同甘共苦的缘故。

［原文］

《军谶》曰："军井未达[1]，将不言渴；军幕[2]未办，将不言倦；军灶未炊[3]，将不言饥。冬不服[4]裘，夏不操[5]扇，雨不张盖[6]，是谓将礼。"与之安，与之危，故其众可合而不可离，可用而不可疲，以其恩素蓄[7]，谋素和[8]也。故曰，蓄恩不倦，以一取万[9]。

《军谶》曰："将之所以为威者，号令也；战之所以全胜者，军政也；士之所以轻战者，用命[10]也。"故将无还令[11]，赏罚必信，如天如地，乃可御[12]人；士卒用命，乃可越境[13]。夫统军持[14]势者，将也；制胜破敌

者，众也。故乱将[15]不可使保军，乖众[16]不可使伐人。攻城则不拔[17]，图邑则不废[18]，二者无功，则士力疲弊。士力疲弊，则将孤众悖[19]，以[20]守则不固，以战则奔北[21]，是谓老兵[22]。兵老则将威不行，将无威则士卒轻刑[23]，士卒轻刑则军失伍[24]，军失伍则士卒逃亡，士卒逃亡则敌乘利[25]，敌乘利则军必丧。

吴宫教战

春秋吴王阖闾请精通兵法的孙武将官女训练成军，官女不听号令，于是孙武把作为队长的吴王最宠爱的两位侍妾杀掉示众，确立军威，从而训练出一支纪律严明、有序的军队。

［注释］

①达：完成，成功。这里是井打好了的意思。

②军幕：军用帐篷。

③炊：烧火做饭。

④服：穿。

⑤操：拿，持。

⑥雨：这里指下雨。张盖：打伞。

⑦素：平常，平时。蓄：积蓄，积累。

⑧和：一致，和谐。

⑨以一取万：这里是将官一人赢得了千千万万的士兵的心的意思。

⑩用命：服从命令。

⑪还令：发出的命令没有得到执行，或者发出命令的人反悔。

⑫御：用。

⑬越境：跨越国境，指进攻别的国家。

⑭持：把持、掌控。

⑮乱将：这里指治军无方的将领。

⑯乖众：这里指不守法令的部队。乖，背离。

⑰拔：攻占。

⑱图：图谋。废：占领。

⑲悖：背离。

⑳以：用来。

㉑奔北：意同“败北”，战败。

㉒老兵：战斗力低下的军队。

㉓轻刑：轻视刑罚，不将刑罚放在眼里。

㉔失伍：指军队混乱，失去了秩序。伍，古代军队最小的编制单位，五人为一伍。

㉕乘利：趁机从中取利。

［译文］

《军谶》上说：“军中的水井还没有打好，将帅不说口渴；军营的帐篷还没有搭好，将帅不说疲倦；军营中饭还没有做好，将帅不说饥饿。冬天不穿皮衣，夏天不拿扇子，雨天不打雨伞，这是将帅的礼节。”将帅和士兵安危与共，军队就能团结一致而不离间，就能随意任用而不知疲倦，这就是因为将帅平时恩惠不断，所以同心同德。因此，将帅平时多给予士兵们恩惠，就会以一人赢得千千万万人的拥戴。

《军谶》中说：“将帅的威严来自于严明的号令；作战获得全胜是因为整饬的军政；士兵们不怕打仗是因为服从命令。”所以，将帅一定要做到令出必行，赏罚必信，像天地一样不可移易，才能统领大军；士兵遵守命令，才可以外出作战。统领军队、掌控大局的是将领；冲锋陷阵、战胜敌人的是士兵。因此，那些治军无方的将领就不能让他去统领军队，离心离德的军队不能派出和敌军作战。攻城略地都是徒劳无功，必将导致士兵疲惫不堪。士兵疲惫不堪，将帅就会陷入孤立，士兵们就会抗命不遵，让这样的军队去防守将会为敌人攻破，去进攻，也会为敌人打败，这样的军队就叫“老兵”。这样的部队的将领没有威信，将领没有威信，士兵们也就不怕刑罚。士兵不怕刑罚，军队必然混乱。军队混乱，士兵就会四散逃亡。士兵四散逃亡，敌军就会趁机取利。敌人趁机取利，军队必将走向灭亡。

[原文]

《军谶》曰：“良将之统军也，恕己而治人[1]。推惠施恩，士力日[2]新。战如风发，攻如河决[3]。故其众可望而不可当[4]，可下而不可胜[5]。以身先人，故其兵为天下雄。”

《军谶》曰：“军以赏为表，以罚为里。

赏罚明，则将威行；官人[6]得，则士卒服；所任贤，则敌国震[7]。”

《军谶》曰：“贤者所适[8]，其前无敌。”故士可下而不可骄[9]，将可乐而不可忧，谋可深而不可疑[10]。士骄则下不顺，将忧则内外[11]不相信，谋疑则敌国奋。以此攻伐则致乱。夫将者，国之命也，将能制胜，则国家安定。

《军谶》曰：“将能清[12]，能静，能干，能整，能受谏，能听讼[13]，能纳人，能采言，能知国俗，能[14]图山川，能表[15]险难，能制军权。”故曰，仁贤之智，圣明之虑，负薪[16]之言，廊庙[17]之语，兴衰之事，将所宜[18]闻。

［注释］

①恕己而治人：指用宽恕自己之道来治理军队。恕，宽恕。

②日：每天。

③河决：河水决口。

④望：观望，这里指望风而逃。当：通“挡”，抵挡，抵抗。

⑤下：这里是投降、顺服的意思。不可胜：这里指不能征服我军。

⑥官人：官吏。

⑦震：畏，惧怕。

⑧适：往，至。

⑨下：谦卑地对待。骄：骄横地对待。

⑩疑：迟疑，犹豫。

⑪内外：指在内的君主和在外的将领。

⑫清：清廉。

⑬听讼：处理诉讼、纷争。

屈尊劳将

汉大将周亚夫治军严整，汉文帝前去劳军，被守军告诫即使皇帝到了也要遵守军规。将帅的威信如此，这样的军队谁能抵挡？

⑭图：画图，这里是将山川地形烂熟于心的意思。

⑮表：这里是明了、了解的意思。

⑯负薪：指砍柴的人，这里泛指百姓。薪，柴火。

⑰廊庙：廊指的是宫殿四周的走廊，庙是庙堂，这两个地方都是古代帝王和大臣议论朝政的地方，所以用廊庙来指代朝廷，此指在朝廷为官之人。

⑱宜：应该。

[译文]

《军谶》上说："优秀的将领统率军队，要用推己及人之道来管理部下士兵。对士兵施加恩惠，这样他们的战斗力就会与日俱增，打起仗来好像暴风骤雨，迅速猛烈，发动进攻如同江河决口，势不可挡。这样的军队，敌人只有望风而逃而不敢抵抗，唯有降服归顺，想征服我军那是妄想。将领能够做到身先士卒，那么他的军队就可以天下称雄。"

《军谶》上说："军队以奖赏为表，以惩罚为里。赏罚严明，将帅才会建立起自己的威信；官吏得力，士兵才会服气；任用的人贤良公正，敌国就会惊恐不安。"

《军谶》上说："贤德的人所效命的国家，一定所向无敌。"所以，对待士大夫一定要谦恭有礼而不可傲慢，对待将领一定要让他心情愉快，而不可让他忧虑重重，思考谋略时要深思熟虑，切不可踟蹰不决。傲慢地对待士大夫，下属就不会心悦诚服；让将领们忧虑，君王和将领之间就会产生隔阂；思考谋略犹豫多疑，敌国就会趁机发动进攻。以这种状态去作战，肯定会招致祸乱。将领乃是国家命脉之所系，将领能够打败敌人，国家才会安定。

《军谶》上说："将领应该做到清廉镇静、公平严整，听得进下属劝谏，能做到明辨是非，会招揽人才、博采众议，对各国风土人情都有所了解，对山川地理形势都烂熟于胸，通晓险阻要隘，掌握军队权柄。"所以说，凡是仁人贤士的智谋，君主圣上的谋虑，百姓们的心声，朝堂上的议论，以及历代存亡兴衰的故事，将领都应当有所了解。

[原文]

将者能思士如渴，则策从[1]焉。夫将拒谏，则英雄散；策不从，则谋士叛；善恶同[2]，则功臣倦[3]；专己[4]，则下归咎[5]；自伐[6]，则下少功[7]；信谗，则众离心；贪财，则奸不禁；内顾[8]，则士卒淫[9]；将有一[10]，则众不服；有二，则军无式[11]；有三，则下

奔北；有四，则祸及国。

《军谶》曰："将谋欲密，士众欲一[12]，攻敌欲疾。"将谋密，则奸心闭[13]；士众一，则军心结；攻敌疾，则备不及设[14]。军有此三者，则计不夺[15]。将谋泄，则军无势；外窥内，则祸不制[16]；财[17]入营，则众奸会[18]。将有此三者，军必败。将无虑，则谋士去；将无勇，则吏士恐；将妄动，则军不重[19]；将迁怒[20]，则一军惧。《军谶》曰："虑也，勇也，将之所重；动[21]也，怒也，将之所用。"此四者，将之明诫也。

[注释]

①从：服从，听从。

②同：一样对待。

③倦：倦怠，厌倦。

④专己：专断。

⑤归咎：归罪。咎，错误，责任。

⑥伐：炫耀，夸耀。

⑦少功：建立的功绩少。

⑧内顾：思念妻妾之意，这里指沉迷女色。

⑨淫：淫乱。

⑩有一：有上面中的一条，存在其中之一。

⑪式：规则，法度。

⑫一：一致，团结。

⑬奸心闭：这里指敌人的奸细无法刺探到我军情报。

⑭设：布设，安排。

⑮夺：出错，这里是遭遇挫折的意思。

⑯制：制止，抵制。

⑰财：这里指贿赂的财物。

⑱会：会聚，集中。

⑲重：稳定，安定。

⑳迁怒：将自己的过错推到别人身上。

㉑动：这里是伺机而动的意思。

[译文]

做将领的人能够求贤若渴，就会听从贤士们的计策。如果拒不听从规劝，那些满腹智谋的贤士就会离他而去；不听从他们的计策谋略，谋士就会叛离；善恶一样对待，那些功臣就会心灰意冷；专断、独裁，下级就会将罪责归结到上司的身上；自我夸耀，部下们立功的积极性就会大大降低；听信谗言，其他的人难免离心离德；贪图财物，那么奸邪之事就无法杜绝；迷恋女色，士兵们就会仿效而淫乱。以上这八条，将帅如果有一条，军心就会不服；有两条，军中就会全无法纪；有了三条，全军必然溃败；具备四条，那就会祸国殃民了。

《军谶》中说：“将领的谋略一定要保密，士兵的思想必须要统一，进攻敌人要做到迅速。”将领的谋略保密，敌军奸细就无法刺探；士兵的思想统一，军队就能同心齐力；进攻敌人行动迅猛快速，敌人就会猝不及防。军队中遵守了这三条原则，计划就能顺利执行。将领的谋略外泄，军队就会陷入被动；敌人窥探到了我军内部情况，祸患将无法制止；不义之财进到军营当中，各种弊端就会层出不穷。一名将领如果具备这三点，那么他率领的军队必败无疑。将领不深谋远虑，满腹智谋的人就会离他而去；将领不勇敢威猛，官兵就会不安恐惧；将领轻举妄动，军心就会浮动混乱；将领迁怒于人，全军都会陷入恐惧当中。《军谶》中说："深谋远虑，勇敢威猛，这是将领应具备的宝贵品德。伺机而动，当怒而怒，这是将帅应当掌握的用兵之术。"所以，将领都应该牢记虑、勇、动、怒这四点要求。

[原文]

《军谶》曰："军无财，士不来；军无赏，士不往。"《军谶》曰："香饵之下，必有悬鱼；重赏之下，必有死夫[1]。"故礼者，士之所归；赏者，士之所死。招其所归，示其所死，则所求者至。故礼而后悔者，士不止[2]；赏而后悔者，士不使[3]。礼赏不倦，则士争死。

《军谶》曰："兴师[4]之国，务[5]先隆恩；攻取[6]之国，务先养民[7]。"以寡胜众者，恩也；以弱胜强者，民也。故良将之养士，不易于身[8]；故能使三军如一心，则其胜可全[9]。

[注释]

①死夫：愿意付出生命的人。

②不止：不停止，源源不断，这里指贤士们通通离开了。

③不使：不为所使，不服从调遣。

④兴师：出动军队，指发动战争。师，军队。

⑤务：务必，一定。

⑥攻取：指发动战争进攻别的国家。

⑦养民：这里指减免徭役和赋税，让百姓修养生息。

⑧不易于身：指和身体一样。易，改变。

⑨全：实现，完成。

吮卒病疽

战国魏将吴起爱兵如子，以身作则，为人表率，士兵们都愿意为他出生入死。吴起统率魏军攻打中山国时，有一个士兵身上长了毒疮，辗转呻吟，痛苦不堪。吴起巡营发现后，毫不犹豫地跪下身子，把这位士兵身上毒疮中的脓血一口一口地吸吮出来。

[译文]

《军谶》中说：“军中没有钱财，人才就不会前来归附；军中不行奖赏，士兵就不会勇往向前。”《军谶》中说：“在香喷喷的诱饵之下，一定会有上钩的鱼；重重的赏赐之下，一定有不怕死的士兵。”所以，让人才倾心归附的是礼遇；让士兵甘心牺牲的是赏赐。用礼遇让贤士归附，用重赏让士兵效命，所需要的人就会纷至沓来。因此，先是以礼相待，后来却不再如此，贤士就会离去；先是奖赏多多，后来却有所反悔的，士兵就不再甘愿效命。只有礼、赏一如既往，部属才会争着效命。

《军谶》上说：“准备兴兵打仗的国家，一定要先多施恩惠；

准备攻城略地的国家，一定要先让百姓休养生息。”之所以能以少胜多，就是因为广施恩惠；之所以能以弱胜强，就是因为有民众的支持。所以，优秀的将领爱护自己的部下，就要像爱护自己的身体一样，这样才能让万众一心，战则必胜。

［原文］

《军谶》曰：“用兵之要，必先察[1]敌情：视其仓库，度[2]其粮食，卜其强弱[3]，察其天地，伺[4]其空隙。敌国无军旅之难而运粮者，虚[5]也；民菜色[6]者，穷也。千里馈粮[7]，民有饥色；樵苏后爨（cuàn）[8]，师不宿饱[9]。夫运粮千里，无一年之食；二千里，无二年之食；三千里，无三年之食：是谓国虚。国虚则民贫，民贫则上下不亲。敌攻其外，民盗[10]其内，是谓必溃。”

《军谶》曰：“上行虐则下急刻[11]，赋敛重数[12]，刑罚无极，民相残贼：是谓亡国。”《军谶》曰：“内贪外廉，诈誉取名；窃公为恩，令[13]上下昏；饰[14]躬正颜，以获高官：是谓盗端。”《军谶》曰：“群吏朋党，各进[15]所亲；招举奸枉[16]，抑挫[17]仁贤；背公立私，

十侍乱政

东汉汉桓帝后期政治腐败，宦官“十常侍”扰乱朝政，迫害忠良，祸害百姓，最终导致黄巾起义。这就是“招举奸枉，排挫仁贤”的下场。

同位相讪[18]：是谓乱源。”

［注释］

①察：观察，侦查。

②度：估计，估量。

③卜：本意是占卜，这里是估计、预测的意思。强弱：指军事力量的强弱。

④伺：观察，寻找。

⑤虚：空虚，这里指国库空虚。

⑥菜色：面色饥饿之相。百姓生活不好，只能以吃野菜为生，缺乏营养，所以脸上没有血色。

⑦馈粮：这里指运送粮食。

⑧樵苏：砍柴割草。爨：烧火做饭。先砍柴割草然后才生火做饭，这里指军队后勤供应不上。

⑨宿饱：总能吃饱，不宿饱就是总吃不饱饭。

⑩盗：这里是动词，意为盗贼。

⑪急刻：严苛刻薄。

⑫重数：繁重。

⑬令：让，使。

⑭饰：掩饰，粉饰。

⑮进：这里是推举、推荐的意思。

⑯枉：这里指奸邪小人。

⑰抑挫：排挤压制。

⑱讪：讥笑，讽刺。

[译文]

《军谶》中说："用兵的诀窍之一就是一定先了解敌情：了解敌军库存物资如何，估计敌军粮草多少，判断敌军战斗力强弱，观察敌军所在地的天气和地形，以从中发现可乘之机。所以说，一个国家没有战事而调运粮食，说明这个国家缺粮；百姓面有菜色，说明这个国家贫穷。千里之遥运送粮食，百姓必定挨饿；军队中烧火做饭前才去打柴割草，这支军队一定总吃不饱饭。从一千里以外的地方运粮，说明这个国家短缺一年的粮食；从两千里以外的地方运粮，说明短缺二年的粮食；从三千里以外的地方运粮，说明短缺三年的粮食：这就是国家的国库空虚啊。国库空虚，百姓必然贫穷，百姓贫穷，上层和下层之间就会出现隔阂。如果这时，外面有敌人进攻，内部百姓作乱，这个国家必然走向灭亡。"

《军谶》上说："君主暴虐横行，臣下就会严苛刻薄。横征暴敛，滥用刑罚，百姓相残，这样的国家必定走向灭亡。"《军谶》中说："表面上清正廉洁，暗地里却贪污无数，骗得名誉和声望；盗用朝廷的财产，自己树立恩德形象，以致上下皆昏愦不明，混淆是非；道貌岸然，骗取高官厚禄：这就是篡国的开始。"《军谶》中说："官员结党营私，任人唯亲；提拔奸人，排挤贤士；将国家利益扔到一旁，专谋一己私利，同僚之间相互倾轧攻讦，这就是国家祸患的根源。"

[原文]

《军谶》曰："强宗[1]聚奸，无位而尊，

威无不震；葛藟(lěi)②相连，种德立恩，夺在位权；侵侮下民，国内哗喧③，臣蔽不言，是谓乱根。”

《军谶》曰：“世世作奸，侵盗县官④；进退求便⑤，委曲⑥弄文，以危其君，是谓国奸。”《军谶》曰：“吏多民寡，尊卑相若⑦，强弱相虏；莫适⑧禁御，延及君子，国受其咎⑨。”《军谶》曰：“善善不进⑩，恶恶不退⑪，贤者隐蔽，不肖⑫在位，国受其害。”

［注释］

①强宗：指社会上的豪门大族，有权有势，横行无忌。

②葛藟：藤本植物名，攀附在树木之上，这里形容豪门望族互相勾结，盘根错节。

③哗喧：喧哗，形容群情激奋，一片哗然的样子。

④县官：这里指天子。

⑤便：便利，好处。

⑥委曲：曲解，矫饰。

⑦若：相似，差不多。

⑧适：能够。

⑨咎：灾祸，祸患。

⑩善善：喜爱善良的人。前一个“善”为动词，喜爱、喜好的意思。进：被任用，重用。

⑪恶恶：厌恶奸恶的人。退：罢黜，贬退。

⑫不肖：不贤之人。

[译文]

《军谶》中说：“豪门大族相互勾结在一起作乱，虽然没有爵位但是却很尊荣显贵，威风霸气，没有谁不恐惧；他们的势力好像葛藟一样盘根错节勾结在一起，以小恩小惠树立恩德形象收买人心，妄图谋夺朝政大权，欺压百姓，百姓哗然，大臣们却蒙蔽君主，不敢向君主说实话，这就是祸乱的根源。”

《军谶》中说：“世世代代为奸作恶，侵夺君主的权威。无论是出仕还是退隐都是从自己的方便考虑，矫饰曲解舞文弄墨，危害到了国君，这就是乱国的贼寇。”《军谶》中说：“官多民少，不分尊卑，恃强凌弱，这样的现象禁止不了，就会有正直的君子遭殃，国家也会受害。”《军谶》中说：“喜爱好人但是却不任用，厌恶坏人但是还不罢黜，德才兼备者退隐山林，德行败坏者却位高权重，国家受害不浅。”

[原文]

《军谶》曰：“枝叶[1]强大，比周居势[2]，卑贱陵[3]贵，久而益大，上不忍废，国受其败。”《军谶》曰：“佞臣[4]在上，一军皆讼[5]，引威自与[6]，动违于众。无进无退，苟然取容[7]。专任[8]自己，举措伐功[9]。诽谤盛德，诬述庸庸[10]。无善无恶，皆与己同[11]。稽留

行事[12]，命令不通。造作奇政[13]，变古易常[14]。君用佞人，必受祸殃。”

《军谶》曰：“奸雄相称[15]，障蔽主明[16]。毁誉并兴，壅塞主聪[17]。各阿[18]所私，令主失忠[19]。”故主察异言[20]，乃睹其萌[21]；主聘儒贤，奸雄乃遁[22]。主任旧齿[23]，万事乃理[24]；主聘岩穴[25]，士乃得实[26]；谋及负薪，功乃可述[27]；不失人心，德乃洋溢[28]。

［注释］

①枝叶：这里比喻皇家宗室势力。

②比周：勾结，联合，结党营私。居势：占据高位。

③陵：同“凌”，侵犯，欺侮。

④佞臣：奸邪谄媚的大臣。

⑤讼：诉讼，这里是不满、气愤的意思。

⑥引威：借用别人的威权。自与：给自己，为自己所用。

⑦取容：看上司的脸色。

⑧专任：专横霸道，刚愎自用。

⑨伐功：夸耀自己的功劳。

⑩诬述：污蔑，诽谤。庸庸：平凡，庸碌。

⑪与己同：和自己一样，这里是他们和自己是一丘之貉的意思。

⑫稽留：扣留，停留。行事：指政事、政务。

⑬奇政：标新立异的政策、措施。

⑭常：常法，常道。

⑮相称：相互吹捧。

⑯明：视觉。

⑰聪：听觉。

⑱阿：阿谀逢迎。

⑲忠：忠臣。

⑳异言：不同意见的言论。

㉑萌：萌芽，这里指祸乱刚出来时的苗头。

㉒遁：逃走、潜藏。

㉓主：君王。旧齿：德高望重的老臣。齿，牙齿，这里指代年纪。

㉔理：按照事物本身的规律或依据一定的标准对其进行处置。

㉕岩穴：这里指在岩洞中隐居的贤人。

㉖实：这里指有真才实学的人。

㉗述：记载在史书上。

㉘洋溢：广泛传播。

管仲问政

管仲病重，将不久于人世。齐桓公前去探望，管仲让桓公远离易牙、竖刁、常之巫、卫公子启方这些奸佞的人，但桓公为这些人忠贞的表象迷惑，没有听从管仲的话。后易牙、竖刁、常之巫得势作乱，桓公惨死。这正是佞臣奸人蒙蔽君主而祸国害人的例子。

［译文］

《军谶》中说："朝廷宗室的势力过于强大，他们结党营私，把持大权，欺压弱小，冒犯权贵，时间越长，他们的势力就越大，君主却不忍心将他们除掉，国家必定受其祸害。"《军谶》中说："奸佞之臣把持政权，全军上下都激愤不已。但是这些小人还在仗势

逞威，反众人的意愿而行事。进退毫无原则，无论进还是退都在看上司的脸色行事。他们刚愎独断，有了什么举动都不忘自我夸耀。对品德高尚的人大加诽谤，诬蔑他们是庸碌之辈。无论好坏，凡事只求符合一己私利。他们政治水平低下，政务大量积压，政令不通。处处标新立异，古制、常法通通变更。君主重用这样的奸佞小人，肯定会遭其祸殃。”

《军谶》中说：“奸雄之间互相吹捧，蒙蔽了君主的视线，使他不辨邪正。将诽谤和吹捧混杂在一起，堵满君主的耳朵，让他善恶不分。对自己的心腹亲信大肆庇护，导致君主失去了忠贞的大臣。”所以，君主注意倾听不同的意见，就能发现祸乱的苗头；任用德才兼备的贤士，奸佞之徒就会逃遁；任用德高望重的旧臣，各种事情就会井井有条；君主招募那些隐居埋名的贤士，才能得到有真才实学的人；广泛地听取百姓的意见，可以名载史册。君主不失民心，他的美德才能得到广泛的传播。”

中略：御将统众之计

题 解

《中略》名为“御将统众之计”，论述的是驾驭将领、统率军队的方法。首先论述了四种统一、安定属下的方式，分别是“三皇之法”“五帝之法”“王者之法”和“霸者之法”。“三皇之法”颇为玄妙，乃是一种自然而然、无为而治式的方法；“五帝之法”就不一样了，这是要顺应天地自然规律，制定各种制度措施，让全天下的人都接受教化，都具备仁德之心，遵从君主的命令；第三种方法“王者之法”是君主以“道”来治天下，让天下诸侯都心悦诚服；第四种是“霸者之法”，君主靠的是权术、信用还有金钱使天下统一，使民心归附。以上这四种方式，虽然境界、效果不可同日而语，但是只要将其中一种掌握，就可以成就一番事业了。

《中略》中还提到了一些主将统率军队必备的条件，比如抉择要果断，同时不可以事事都向上级请示；用才也要因材施“用”，以充分发挥个人的长处、优点，要重视军心的稳定，要杜绝能说会道的人称赞敌军，也要将巫祝之人挡在军营之外，以免妖言惑众、涣散军心。随后又上升到君主的层面，要求君主德威并重，二者缺一不可。

《中略》中指出《三略》乃是“衰世”的作品，又分别介绍了《上略》《中略》《下略》不同的侧重点。在《中略》的最后还具体论述了如何“藏良弓、烹走狗”的问题，并且指出，这就是《中略》中想要论述的权变问题。

［原文］

夫三皇[1]无言而化流四海，故天下无所归功。帝[2]者，体天则[3]地，有言有令[4]，而天下太平。君臣让[5]功，四海化[6]行，百姓不知其所以然。故使臣不待礼赏有功，美而无害。王[7]者，制[8]人以道，降心服志；设矩备衰[9]，四海会同[10]，王职[11]不废。虽有甲兵之备，而无斗战之患。君无疑于臣，臣无疑于主。国定主安，臣以[12]义退，亦能美而无害。霸[13]者，制士以权，结士以信，使士以赏。信衰则士疏，赏亏则士不用命[14]。

《军势》[15]曰："出军行师，将在自专[16]，进退内御[17]，则功难成。"《军势》曰："使智、使勇、使贪、使愚：智者乐立其功，勇者好行[18]其志，贪者邀[19]趋其利，愚者不顾其死。因[20]其至情而用之，此军之微权[21]也。"《军势》曰："无使辩士谈说敌美，为其惑[22]众。无使仁者主[23]财，为其多施而附[24]于下。"《军势》曰："禁巫祝[25]，不得为吏士卜问军之吉凶。"

［注释］

①三皇：古代神话传说中上古时代的三位帝王，具体是哪三位有很多说法，燧人、伏羲、神农、共工、黄帝、祝融等都曾在列，现在较为统一的说法是燧人、伏羲、神农。

②帝：指五帝。神话传说中上古时代的五位帝王，现在一般的说法是少昊、颛顼、帝喾、尧、舜。

③体、则：顺应、效法的意思。

④言：教化的话语。令：法令，政令。

⑤让：推让，谦让。

⑥化：教化。

⑦王：这里指三王，即夏、商、周三个王朝的开创者，他们是夏朝的大禹、商朝的成汤、周朝的文王。

⑧制：管理，统治。

⑨矩：本意是一种画图工具，这里是法度的意思。备：防备，防止。衰：衰弱，衰败。

⑩会同：古代时诸侯朝见天子，称为会同。

⑪王职：朝廷大臣的职务。

⑫以：通过，根据。

⑬霸：指“春秋五霸”，春秋时五位君主的合称，通常的说法是齐桓公、晋文公、秦穆公、宋襄公、楚庄王。

⑭用命：服从命令。

政信仁智

伏羲是传说中上古三皇之一，又作宓羲、庖牺、包牺、伏戏，亦称牺皇、皇羲、太昊，《史记》中称伏牺，是中华民族的人文始祖。伏羲生而圣明，德合天地，代燧人氏推五德之运，光理万物，明如日月，阴阳和静，鬼神不扰，四时得节，万物不伤，群生不夭，虽有诡智无所用之。

哀公问儒道

春秋时期，鲁哀公问儒道，孔子曰：“儒有席上之珍以待聘，夙夜强学以待问，怀忠信以待举。”又曰：“儒不宝金玉而以忠信为宝，不求多积以道德为富，其儒行有如此也。”

⑮《军势》：古代的一部已经失传的兵书。

⑯自专：自己果断地做出决定。

⑰内御：向上级请示，指为朝廷所遥控。

⑱行：达到，实现。

⑲邀：追求。

⑳因：根据，依据。

㉑微权：微妙、高深的权术、谋略。

㉒为：因为。惑：蛊惑。

㉓主：主管，掌管。

㉔施：施以恩惠。附：依附。

㉕巫祝：古代指能通神、占卜吉凶的人。女的称为巫，男的称为觋。祝，指在祭祀时向神灵祝告、祈祷的人。

[译文]

在远古的三皇时代，尽管三皇并没有明确的治理国家的言辞、政令，但是四海之内仍然风气良好，所以，当时的天下人并不知道这个功劳应该属于谁。后来到了五帝的时代，五帝顺应天地自然的规律，设教施令，天下安定太平。君臣之间谦让有加、推让功劳，所以，四海之内教化遍布，但是百姓却还是不知道其中的缘由。所以，统御大臣，不必依靠礼法、赏赐有功之人，也能相处得亲密无间。到了三王时代，三王重视以道治天下，让百姓心

悦诚服；又制定了很多法令法规，以预防社会走下坡路，四海诸侯按时前来朝见天子，奉上自己的贡品。所以国家虽然备有军队，但是却没有战乱。君主不怀疑大臣，大臣不怀疑君主，国家安定，君权稳固，臣下适时告退，君臣之间也能亲密无间。到了春秋时期的五霸时代，运用权术统治臣下，依靠信义结交贤士，借助奖赏来笼络人才。如果信义减少了，那么贤士就会疏远而去，奖赏不够了，下属也不再服从指挥。

《军势》中说："领兵作战，取胜的关键之一是将领自行决断军务，如果一进一退都为朝廷所遥控，那么很难获得胜利。"《军势》中说："有智谋的人、勇敢的人、贪婪的人和愚笨的人，驾驭他们的方法各有不同：满腹智谋的人乐于建功立业，勇敢的人想要实现自己的志愿，贪婪的人热衷于追求利禄，愚笨的人则不怕牺牲生命。所以，要根据各人不同的特点来指挥他们，这是军队中高妙的用人之道。"《军势》中说："那些牙尖嘴利、能言善辩的人，不可让他谈论敌人的长处，因为这样会扰乱我军的军心。那些心怀仁慈的人，不可让他掌管财物，因为他会滥施恩惠，去迎合讨好自己的下级。"《军势》中说："在军队里要严禁巫祝活动，严禁他们为官兵卜问作战的吉凶。"

[原文]

《军势》曰："使义士不以[1]财。故义者不为不仁者死，智者不为暗主谋[2]。"主不可以无德，无德则臣叛；不可以无威，无威则失权。臣不可以无德，无德则无以事[3]君；

不可以无威，无威则国弱，威多则身蹶[4]。

故圣王御[5]世，观盛衰，度[6]得失，而为之制[7]。故诸侯一师，方伯[8]三师，天子六师。世乱，则叛逆生；王泽竭[9]，则盟誓[10]相诛伐。德同势敌[11]，无以相倾[12]，乃揽英雄之心，与众同好恶，然后加之以权变[13]。故非计策无以决嫌[14]定疑，非谲奇无以破奸息[15]寇，非阴谋无以成功。

圣人体天，贤者法[16]地，智者师[17]古。是故《三略》为衰世作。《上略》设礼赏，别[18]奸雄，著[19]成败;《中略》差[20]德行，审权变;《下略》陈道德，察安危，明贼贤[21]之咎。故人主深晓《上略》，则能任贤擒敌；深晓《中略》，则能御将统众；深晓《下略》，则能明盛衰之源，审治国之纪[22]。人臣深晓《中略》，则能全功保身。

［注释］

①以：凭借、通过。

②暗主：昏庸无能的君主。谋：出谋划策。

③事：辅佐。

④蹶：跌倒，这里引申为覆灭。

⑤御：掌控，管理。

⑥度：估计，预测。

⑦制：制定，这里指制定制度法规。

⑧方伯：诸侯的首领。

⑨泽：恩泽。竭：干涸。

⑩盟誓：结盟立约。

⑪势敌：势均力敌，指力量均等。

⑫倾：战胜。

⑬权变：随机应变。

⑭嫌：嫌疑。

⑮谲奇：诡异谲诈、出人意料的计谋。息：止息、停止。

⑯法：效法。

⑰师：仿效，以……为师。

⑱别：分别，辨别。

⑲著：显示，显明。

⑳差：区别，区分。

㉑贼贤：排挤、诽谤贤德之人。

㉒纪：纲纪，根本之道。

运筹帷幄

汉张良坐在军帐中运用计谋，就能决定千里之外战斗的胜利。

［译文］

《军势》上说："不能依靠金钱来驱动侠义之士。这是因为侠义之士不会为缺少仁义的人去效死卖命，足智多谋的人不会为昏庸无能的君主献计献策。”君主不能没有德行，如果没有德行，臣下就会背叛离开；君主也不能没有威严，如果没有威严，就会丧失手中的权力。做臣子的也不能没有德行，如果没有德行，就不能忠心奉主；也不能没有威严，如果没有威严，国家就会走向衰弱，但是如果过于威严，也会让自己吃亏栽跟头。

所以说，圣明的君王治理天下，观察盛衰，衡量得失，进而建立各项制度。所以才有了诸侯辖有二军、方伯辖有三军，天子辖有六军的规定。后来天下大乱，叛逆四起，天子的恩泽已经穷尽，诸侯之间开始立誓结盟，互相攻伐。由于诸侯们的道德、军事都是势均力敌，谁也没有办法将谁彻底消灭，所以又千方百计招揽天下英雄之心，投其所好，然后再运用权术笼络。所以，不想计策就无法裁决嫌疑难定的事情；不诡诈奇谲就不能消灭奸人、评定贼寇；不施用阴谋轨迹就不要想成功。

圣人能够体会天之道，贤者能够顺应地之理，智者能够以古人为师。所以，《三略》一书便是为衰败的乱世而作。《上略》论述的是制定礼仪、行赏制度，辨识奸雄，分析成败；《中略》论述的是区别德行、明察应变；《下略》主要是阐述道德、观察安危，分析迫害贤德之人的危害。所以说，君王读通了《上略》，便能做到任用贤人，战胜敌人；读通了《中略》，就能驾驭将帅，统领军众；读通了《下略》，就能懂得盛衰的根源，了解治国的纲纪。大臣读通了《中略》，就能功成名就，又能全身而退。

[原文]

夫高鸟①死，良弓藏；敌国灭，谋臣亡。亡者，非丧其身②也，谓夺其威，废其权也：

封之于朝，极[3]人臣之位，以显其功；中州善国[4]，以富其家；美色珍玩，以说[5]其心。夫人众一合[6]而不可卒离，威权一与[7]而不可卒移。还师罢军，存亡之阶[8]。故弱之以位[9]，夺之以国[10]，是谓霸者之略。故霸者之作[11]，其论驳[12]也。存社稷[13]罗英雄者，《中略》之势[14]也，故世主秘[15]焉。

赵匡胤

赵匡胤（927—976），宋朝开国君主，涿州人。在发动陈桥兵变，一举夺得政权之后，赵匡胤担心他的部下效仿，于是在961年，安排酒宴，召集禁军将领石守信、王审琦等饮酒，叫他们多积金帛田宅以遗子孙，歌儿舞女以终天年，从此解除了他们的兵权。在969年，又召集节度使王彦超等宴饮，解除了他们的藩镇兵权。赵匡胤的杯酒释兵权，就是圣主削减臣属权威的例子。

［注释］

①高鸟：飞鸟。

②丧其身：这里是杀死的意思。

③极：极点，极致，这里是动词，让其达到极致、极限。

④中州善国：中原最好的土地。中州，中原。

⑤说：通“悦”，取悦，让其高兴。

⑥一合：集中，组合。

⑦一与：交给一个人，指权力交由一个人手中掌握。与，给。

⑧阶：阶梯，这里引申为关键时刻的意思。

⑨位：高位。

⑩国：土地。

⑪作：兴起。

⑫论：理论、道理。驳：杂而不纯，指霸者的理论驳杂。

⑬社稷：社和稷原本指的是土地神和谷神，因古代帝王都要祭祀它们，所以后来社稷便成了国家的代名词。

⑭势：权变。

⑮秘：这里是动词保密的意思。

［译文］

高飞的鸟死了，上好的弓箭就要被藏起来了；敌国灭亡了，为君主出谋划策的大臣就要被除掉。这里所说的除掉，并不是要取他们的性命，而是剥夺他们的威势，废除他们的权力：在朝廷上大肆封赏他们，让其爵位、赏赐无可复加，以表彰他们的功劳；再将中原最好的土地赏赐给他们，让他们家族富裕；再多多赏给他们珍玩美女，让他们心情舒畅。民众一旦集中编成部队，就不要仓促解散，权力一旦授予某人，就不可轻易变动。战争结束、班师回朝之时，乃是君主权位存亡的关键时刻。所以，此时就通过奉赠高官显爵来削弱将帅的实权，再赐给他土地以剥夺他的兵权，这就是称霸的人统御将帅的策略。所以说称霸者的兴起，其中的道理是非常复杂的。保全国家、网罗英雄，这就是《中略》中介绍的权变之道，历代君主都视若珍宝秘而不宣。

下略：以防不测之略

题解

《下略》名为“以防不测之略”，顾名思义，就是在天下大乱之时，应当怎样应对。《下略》开篇便提出了“扶天下之危”“除天下之忧”“救天下之祸”，表明希望在乱世有人挺身而出，拯救万民于水火之中。《中略》当中已经明白无误地指出，《下略》是要“陈道德，察安危，明贼贤之咎”，作者主张统治者要以德治天下，即便动用战争手段，也是要在遵循“德”的原则的前提下，不可穷兵黩武，不可盲目扩张，要做到“降人以体”“降人以心”，就是让人们心悦诚服，真心实意地归附。要广施恩德，这样国家才能强盛。统治者要秉承“道”“德”“仁”“义”“礼”五字，五者并用，以德服天下。这样君主的统治才能政令畅通，贤人得到重用，佞臣都被罢黜，天下的有才之人也都争相归附，不肖之辈竞相遁形。施行的政令一定要恰当，符合大多数人的利益，否则便会“一令逆则百令失，一恶施则百恶结”。

战争作为一种手段，不是不可以使用，而是一定要做到发动战争不是为好战，也不是在欺凌弱小、掠夺财富，而是迫不得已的行动，目的是“诛暴讨乱”。只有这样，战争才能起到“若决江河而溉爝火，临不测而挤欲堕”一般的效果，战无不胜。同时还要牢记，战争乃是不祥之物，即便万不得已而发动战争，也要尽量减少人、物的损失，要始终保持一颗仁德的心。

统治者一定要重用贤德的人，《三略》当中反复强调这一点。君主要将生杀大权掌握在自己手中，残暴、强梁的人不可任用为将领，君、臣的名分一定要分清，不可逾越了等级的规定。这样以德治国，一定会造福后代、流芳千古。

[原文]

夫能扶[1]天下之危者，则据[2]天下之安；能除天下之忧者，则享天下之乐；能救天下之祸者，则获天下之福。故泽及于民，则贤人归[3]之；泽及昆虫，则圣人归之。贤人所归，则其国强；圣人所归，则六合同[4]。求贤以德，致[5]圣以道。贤去，则国微[6]；圣去，则国乖[7]。微者危之阶，乖者亡之征[8]。贤人之政，降人以体[9]；圣人之政，降人以心。体降可以图[10]始，心降可以保终。降体以礼，降心以乐。

所谓乐者，非金石丝竹[11]也，谓人乐[12]其家，谓人乐其族，谓人乐其业，谓人乐其都邑[13]，谓人乐其政令，谓人乐其道德，如此，君[14]人者，乃作乐以节[15]之，使不失其和[16]。故有德之君，以乐乐[17]人；无德之君，以乐乐

身。乐人者，久而长；乐身者，不久而亡。

［注释］

①扶：拯救。

②据：享有。

③归：归顺，归附。

④六合：上、下、东、南、西、北为六合，这里指天下。同：统一。

⑤致：来，使……到来。

⑥微：衰落。

⑦乖：错乱。

⑧征：征兆。

⑨降人：征服人的意思。体：身体，这里指人身体的行动。

⑩图：图谋，构想。

⑪金石丝竹：这里泛指各种乐器。

⑫乐：喜爱。

⑬都邑：原意是京城，这里指代国家。

⑭君：统治。

⑮节：节制，规范，教化。

⑯和：和谐，和睦。

⑰乐：后一个“乐”为使动用法，使其快乐。

泽及枯骨

周文王有一次在野外行走，见到一些枯骨散落于田野间，暴露未被掩埋，便叫随行人员去把枯骨埋掉。随行人员说：“这也不知是谁家的尸骨，大概已经无主了。”周文王说道：“天子有天下，就是天下的主人。诸侯有一国，就是一国的主人。这些枯骨暴露于我周国之野，我是周王，当然是这枯骨的家主，自然应该由我负责掩埋。”左右人员听此一说，便赶紧去将枯骨掩埋了。天下的诸侯闻听周文王能如此仁德，纷纷归附于他。

[译文]

能匡扶天下于危亡的人，就能拥有天下的安宁；能够消除天下的忧患的人，就会享有天下的快乐；能拯救天下于灾祸的人，就可获得天下的幸福。所以说，施恩泽于百姓，贤人就会前来归顺；施恩泽于昆虫万物，圣人就会倾心归向。贤人前来归附，这个国家就会强大；圣人前来归附，这个国家统一天下。要招揽贤人来，靠的是德行，要让圣人归附，靠的是道。贤人离开，这个国家就会衰落下去；圣人离开，这个国家就会陷入混乱。衰落是通往危险的阶梯，混乱是灭亡的前兆。贤人掌政，能让人在行动上顺从；圣人掌政，则让人心悦诚服。让人在行动上顺从，就可以构想开创一番事业，令人心悦诚服，则可以做到善始善终。让人在行动顺从依靠的是“礼”，让人心悦诚服凭借的是“乐”。

这里说的“乐”，指的不是金石丝竹等那些乐器发出的乐曲之“乐”，而是指人们喜爱他的家庭、喜爱他的宗族、喜爱他自己的职业、喜爱自己的国家，拥护国家的政令，重视自身的道德。这样治民的君王便通过乐教规范人们的行为，让人们和谐相处。因此，品德高尚的君主是用乐来让百姓欢乐；而无道昏庸的君主，只会用乐欢娱自己。让民众快乐，方能国祚长久；只图着自己欢乐，离灭亡便不远了。

[原文]

释[1]近谋远者，劳而无功；释远谋近者，佚而有终[2]。佚政[3]多忠臣，劳政多怨民。故曰务广地者荒[4]，务广德者强；能有其

孔子

仁义道德是儒家思想的内涵。孔子是儒家思想的创始人。儒家思想中的“仁义道德”承载着中华文明的精髓，深刻影响着中国人的言行举止。

有⑤者安，贪人之有者残⑥。残灭之政，累世⑦受患。造作过制⑧，虽⑨成必败。舍己而教人者逆，正己而教人者顺。逆者乱之招⑩，顺者治⑪之要。道、德、仁、义、礼五者一体也：道者，人之所蹈⑫；德者，人之所得⑬；仁者，人之所亲；义者，人之所宜⑭；礼者，人之所体⑮：不可无一焉。

故夙兴夜寐⑯，礼之制也；讨贼报仇，义之决⑰也；恻隐⑱之心，仁之发⑲也；得己得人，德之路也；使人均平，不失其所，道之化也。

［注释］

①释：放手，放弃。

②佚：通“逸”，安逸。终：好的结果。

③佚政：即“逸政”，安逸、简单的政策，让百姓得到休养生

息的治理方式。

④务：致力，追求。荒：覆亡。

⑤有：前一个“有”为动词保持、保有的意思，后一个“有”为所拥有的。

⑥残：指国家残破。

⑦累世：连着几代。

⑧造作：指大兴土木，建设官殿园林。过制：超过制度中规定的标准。

⑨虽：即使，即便。

⑩招：招致，这里是根源、原因的意思。

⑪治：治理，统治。

⑫蹈：遵循，遵守。

⑬得：心得，心中所持思想、感情。

⑭宜：应当遵守的原则、理念。

⑮体：规范、规矩。

⑯夙兴夜寐：起得早，睡得晚，形容勤奋劳作。夙，清晨。寐，睡觉。

⑰决：决定，决断。

⑱恻隐：同情，怜悯。

⑲发：发起，开端。

[译文]

舍近求远的，一定会是劳而无功；舍远求近的，将会享受安逸而结局很好。安逸的统治就会出现很多的忠臣；苛刻的政治，必然让民怨深重。所以说，那些热衷于开疆扩土的，内政肯定会荒废；那些致力于广施恩德的，一定会让国家强盛；保持住自己应该有的，便可以获得安宁；贪图别人手中的，必定招来灾祸。残暴统治的危害会波及好几代人。为所欲为超过了限度，即使有一个成功的开始最终也会失败。只会教育别人自己却不以身作则，这是不合常理的；教育别人之前要要求自己，这才顺应常理。违背常理是导致混乱的根源，顺应常理才是治安的关键。道、德、仁、义、礼，这五者相互联系，是一个整体：道是人们所应当遵循的规则；德是人们心中应有的思想；仁是人与人交往应有的亲爱；义是人们应当遵守的理念，礼是人们要照着做的规范，这五者缺一不可。

所以，人们早起晚睡，这是受礼的约束；讨伐贼人报仇雪恨，这是从义的角度作出的决定；心怀同情怜悯之心，这是从仁爱的立场出发；让自己和他人都有所得，这是修行德行的途径；让人人都公平均等，各得其所，这乃是道的教化。

［原文］

出君下[①]臣名曰命，施于竹帛[②]名曰令，奉而行之名曰政。夫命失，则令不行；令不行，则政不正；政不正，则道[③]不通；道不通，则邪臣胜[④]；邪臣胜，则主威[⑤]伤。千里迎贤，其路远；致不肖，其路近。是以明王[⑥]舍近而取远，故能全功尚人[⑦]，而下[⑧]尽力。废[⑨]一善，则众善衰；赏一恶，则众恶

归。善者得其祐，恶者受其诛，则国安而众善至。众疑无定国[10]，众惑无治民[11]。疑定惑还[12]，国乃可安。一令逆则百令失，一恶施则百恶结[13]。

故善施于顺民，恶加于凶民[14]，则令行而无怨。使怨治怨[15]，是[16]谓逆天；使仇治仇[17]，其祸不救[18]。治民使平，致平以清，则民得其所而天下宁。

［注释］

①出：出自。下：下达。

②施：这里是书写的意思。竹帛：竹简和白绢，这里泛指古代书写材料。

③道：这里指治国之道。

④胜：得势，占上风。

⑤威：威信，威严。

⑥明王：明智的君王。

⑦全功：保全功业。尚：崇尚，推崇。人：这里指贤德的人。

⑧下：下属，臣下。

⑨废：罢黜，疏远。

⑩定国：稳定的国家。

⑪治民：奉公守法的百姓。

⑫定、还：都是疑惑消散的意思。

⑬结：聚结，集中。

⑭凶民：凶恶的民众。

⑮使：使用。怨：前一个怨指让百姓怨恨的方法，后一个是指怨恨的百姓。

⑯是：这。

⑰仇：前一个仇指让百姓仇恨的方法，后一个仇指满腹仇恨的百姓。

⑱不救：无药可救。

［译文］

君主给臣下的指示叫作命，写在竹帛上就叫令，推广执行起来就是政。命出现了错误，令就无法实行；令无法实行，政就会出现偏差；政出现了偏差，治国之道就会行不通；治国之道行不通，那些奸邪的臣子就会得势；奸邪的臣子得了势，君王的权威就会遭到损伤。从千里之外的地方迎请“贤人”，路途遥远漫长；招引来奸佞的小人，却可以说是近在咫尺。因此，明智的君主舍近求远，所以才能做到保全功业、尊崇贤德，臣下也就会忠心竭力为他效命。罢黜一个好人，那么更多的好人都会悲观丧气；奖赏一个恶人，那么更多的坏人会蜂拥而至。好人得到的保护，坏人受到应有的惩罚，国家才会安定、贤人云集。民众疑虑重重，就不可能有安定的国家，民众惶惑不安，就不会有良善守法的百姓。只有将疑虑、惶惑一扫而空，国家才能安宁稳定。一项法令违背了常理，其他的法令也都会因此失去效用。一项不合理的政令推行，就会造成很多的恶果。

所以，要用和善的手段统治驯服的民众，要用严苛的酷政对

付凶恶的民众，这样法令才能推行，民众也不会有怨言。治理满腹怨恨的民众用他们所怨恨的手段，这就是在逆天行事。治理仇恨满怀的民众用他们所仇恨的手段，这样引出来的祸患将无法挽救。治理民众要做到公平平等，要想实现公平平等，政治必须要清明，这样百姓才能各得其所，天下也就安宁太平了。

［原文］

犯上者尊①，贪鄙②者富，虽有圣王，不能致③其治。犯上者诛，贪鄙者拘④，则化行而众恶消。清白之士，不可以爵禄得⑤；节义之士，不可以威刑胁⑥。故明君求贤，必观其所以⑦而致焉。致清白之士，修⑧其礼；致节义之士，修其道。而后士可致而名可保。

夫圣人君子，明盛衰之源，通⑨成败之端，审治乱之机，知去就之节⑩。虽穷不处亡国之位⑪，虽贫不食乱邦之禄⑫。潜名抱道⑬者，时至⑭而

蒲轮征贤

圣明的君主都喜欢招求贤人。汉武帝听说申公的学问高深，就派人带上贵重的礼物，用安车去接申公，为了让申公坐得舒适，还用蒲草把车轮缠上，防止路上颠簸。正因为汉武帝礼贤下士，才能成就他后来的丰功伟业。

动，则极人臣之位。德合于己，则建殊绝[15]之功。故其道高而名扬于后世。

［注释］

①尊：地位尊贵。

②贪鄙：贪婪卑鄙。

③致：达到，实现。

④拘：囚禁。

⑤以爵禄得：指用高官厚禄来得到人才。爵禄，高官厚禄。得，得到。

⑥胁：威胁，胁迫。

⑦所以：为人行事的方法、途径。

⑧修：修行，完善。

⑨通：通晓，明白。

⑩去就：担任或不担任职务，离开或者留任。节：节度。

⑪处亡国之位：指在亡国任职。

⑫食乱邦之禄：食乱邦的俸禄，和“处亡国之位”同义。

⑬抱道：胸怀治国安邦之道。

⑭时至：时机成熟，时机到来。

⑮殊绝：特殊，超绝。

［译文］

作乱犯上的人反倒尊贵，贪婪卑鄙之辈却很富足，这样即便有圣明的君王来治理国家也治理不好。唯有诛戮那些犯上的人，囚禁那些贪婪卑鄙的人，教化才能推行，各种坏人恶行才会消隐无踪。那些高尚清白的人，不能用高官厚禄去收买；那些有忠贞侠义的人，不能用威刑加以胁迫。所以，圣明的君主招揽贤德之人，一定要投其所好。要招揽高尚清白的人来，一定要讲究礼仪；要招揽忠贞侠义的人来，必须得讲究道义。这样才能让贤士归附，君主的圣名才可以保全。

那些圣人君子，懂得盛衰变化的根源，通晓成败得失的发端，明察大治大乱的关键，熟谙进退的节度。宁可境遇穷困，也不去当行将灭亡的国家的官员，宁可生活贫寒，也不去领取混乱的邦国的俸禄。隐姓埋名、胸怀安邦定国之道的人，审时度势，伺机而起，便能够建功立业，位极人臣。如果遇到志同道合的君主，一定能建立绝世功勋。所以他们才能凭借其高超的谋略而名扬后世。

[原文]

圣王之用兵，非乐[1]之也，将以诛暴[2]讨乱也。夫以义诛不义，若决江河而溉爝(jué)火[3]，临不测而挤欲[4]堕，其克[5]必矣。所以优游[6]恬淡而不进者，重[7]伤人物也。夫兵者，不祥之器，天道恶[8]之；不得已而用之，是天道也。夫人之在道，若鱼之在水，得水而生，失水而死。故君子者常畏惧而不敢失道。

豪杰秉[9]职，国威乃弱；杀生[10]在豪杰，

国势乃竭。豪杰低首[11]，国乃可久；杀生在君，国乃可安。四民用虚，国乃无储；四民用足，国乃安乐。

［注释］

①乐：喜欢。

②暴：暴虐、残暴的人。

③溉：浇灌。爝火：小火，微火。

④临：靠近。不测：无法测量，这里指深不见底的渊涧。欲：即将，马上。

⑤克：战胜。

⑥优游：悠闲、舒缓的样子。

⑦重：看重，重视。

⑧恶：厌恶。

⑨豪杰：这里指逞强施威的人。秉：秉持，掌握。

⑩杀生：生杀大权。

⑪低首：低头，这里是顺服的意思。

［译文］

圣明的君王兴兵打仗，并不是因为他尚武好战，而是在用这种方式讨伐暴乱。以正义讨伐不义，就好比让江河决口，用滔滔河水将微弱的火把浇灭，就好比推挤一个靠近深渊、已经站立不稳的人，必然会成功的。圣明的君王之所以悠闲安逸而不急于进军，是因为他很重视士兵的伤亡、财产的损失。战争乃是不祥之物，为天道所厌恶；只有在万不得已的情况下动用战争的手段，才是顺和天道的。人顺应天道，就好像鱼儿在水中一样，有水就能生存，离开水就死了。因此，君子要时刻保持警惕，不违背天道。

豪强把持朝政，国家的威严就被削弱；豪强掌握生杀大权，国家的势运就要衰竭。豪强俯首听命，国家才能长治久安。君王掌握着生杀大权，国家才能安宁。百姓贫困，国家就没有储备，只有百姓富足了，国家才能安定祥和。

［原文］

贤臣内[1]，则邪臣外；邪臣内，则贤臣毙[2]。内外失宜[3]，祸乱传世。大臣疑[4]主，众奸集聚。臣当君尊，上下乃昏；君当臣处，上下失序。

伤贤者，殃[5]及三世；蔽[6]贤者，身受其害；嫉贤者，其名不全[7]；进[8]贤者，福流[9]子孙。故君子急于进贤而美名彰焉。利一害百，民去城郭[10]；利一害万，国乃思散。去[11]一利百，人乃慕泽；去一利万，政乃不乱。

［注释］

①内：在内为官，这里指得到任用，受宠。

②毙：这里是被陷害、被置于死地的意思。

③失宜：陷入了混乱。宜，合适。

④疑：通“拟”，比拟。

⑤殃：殃及，波及。

⑥蔽：遮蔽，打压。

⑦全：保全。

⑧进：推荐，荐举。

⑨流：流布，延续。

⑩城郭：泛指城池。

⑪去：除掉。

[译文]

贤能的臣子在朝中得到重用，奸佞的小人就会被疏远；奸佞的小人在朝中受宠，贤能的臣子就会被陷害。内外陷入混乱，灾难就会祸及后世。奸权之臣自比君主，更多的奸臣都会聚集在一起狼狈为奸。臣子和君主的地位一样尊贵，上下就会乱作一团；君主和臣子一样的地位，上下秩序就会失控。

迫害贤人，这样造成的祸患将会延续给子孙后代；埋没、打压贤人的，他们自己也会遭殃；忌妒贤人的人，他们将名节不保；唯有举贤荐能的人，才能造福于后世。因此，君子都热衷于推荐贤人，好让自己的美名显扬于世。让一个人得利而让一百个人受害，这样民众就会想离开城池；让一个人得利而让一万个人受害，这样全国的百姓都想离开；除掉一人，对一百人有益，人们就会对其感恩戴德；除掉一人而对一万人有益，国家的治理就不会发生动乱。

图书在版编目(CIP)数据

图解六韬·三略／太公望等著,崇贤书院释译.—合肥:黄山书社,2015.11

(经典传家系列丛书)

ISBN 978-7-5461-5342-1

Ⅰ.①图… Ⅱ.①太… ②崇… Ⅲ.①兵法－中国－古代－通俗读物 Ⅳ.①E892.2－49

中国版本图书馆CIP数据核字(2015)第286504号

总策划　李　克
选题策划　汤吟菲　白剑峰
编辑统筹　刘　春
责任编辑　程　景
装帧设计　未　氓
责任印制　戚　帅
出版发行　时代出版传媒股份有限公司(http://www.press-mart.com)
　　　　　黄山书社(http://www.hspress.cn)
地址邮编　合肥市政务文化新区翡翠路1118号出版传媒广场7层　230071
印　　刷　安徽新华印刷股份有限公司
版　　次　2016年3月第1版
印　　次　2019年6月第3次印刷
开　　本　700mm×1000mm　1/16
字　　数　290千
印　　张　18.75
书　　号　ISBN 978-7-5461-5342-1
定　　价　26.00元

服务热线　0551－63533706

销售热线　0551－63533761

官方直营书店(http://hsssbook.taobao.com)